Ganz einf

MW01247203

Wolfgang Schneiderheinze · Carmen Zotta

Ganz einfach kommunizieren

Emotionale Kompetenz für Ihren Führungsalltag

2., überarbeitete Auflage

 Springer Gabler

Wolfgang Schneiderheinze
Goldbach, Deutschland

Carmen Zotta
Frankfurt/Main, Deutschland

ISBN 978-3-658-41270-8   ISBN 978-3-658-41271-5   (eBook)
https://doi.org/10.1007/978-3-658-41271-5

Die Deutsche Nationalbibliothek verzeichnet diese Publikation in der Deutschen Nationalbibliografie; detaillierte bibliografische Daten sind im Internet über http://dnb.d-nb.de abrufbar.

Planung/Lektorat: Maximilian David
Springer Gabler ist ein Imprint der eingetragenen Gesellschaft Springer Fachmedien Wiesbaden GmbH und ist ein Teil von Springer Nature.
Die Anschrift der Gesellschaft ist: Abraham-Lincoln-Str. 46, 65189 Wiesbaden, Germany

Einführung: Erfolgreiche situative Führung mit Praktischer Emotionaler Kompetenz

Wenn Sie Ihre Mitarbeiter erfolgreich machen und mit Kollegen und Vorgesetzten erfolgreich zusammenarbeiten wollen, müssen Sie in jeder Situation die richtigen Worte finden, den richtigen Ton treffen und dabei jederzeit authentisch agieren.

Schaut man sich Bücher, Fachartikel oder Seminarangebote zum Thema „Führung" an, so kristallisieren sich zwei Arten von Führungstheorien heraus. Da ist zunächst „Führung durch Persönlichkeit", mit der Kernaussage, dass es Persönlichkeitsmerkmale, wie etwa Charisma, gibt, die grundsätzlich zum Erfolg führen. Dieses Verständnis von Führung beruht auf einem Menschenbild, das sich auf das Eisbergmodell als wesentliche Säule der Theorie zur zwischenmenschlichen Kommunikation stützt. Auch die allgemeine Theorie der Persönlichkeit von Sigmund Freud wird bis heute durch das Eisbergmodell veranschaulicht. Freud selbst hat weder dieses Modell noch das Bild vom Eisberg jemals benutzt. Vielmehr geht die Metapher auf Ernest Hemingway zurück. Es sei, so Hemingway, nicht erforderlich, dass ein Autor alle Details seiner Hauptfigur erzähle. Es genüge, wenn, wie bei einem Eisberg, ein Achtel über Wasser zu erkennen sei (Hemingway, 1932). Obwohl sich die Dynamik der von Freud beschriebenen

psychischen Prozesse nur unzureichend mit dem Bild eines starren Eis-
bergs illustrieren lässt, ist das Modell wegen seiner Einfachheit und
leichten Erklärbarkeit immer noch populär. Auch die Klassifizierung
von Eisbergen, die Eisberge in Typen einteilt, wurde, wenn wohl auch
unbewusst, auf den Menschen übertragen.

Es begann mit C. G. Jung, der 16 Persönlichkeitstypen postulierte,
die dann zum Myers-Briggs-Typenindikator weiterentwickelt wurden.
Auch das DISG®-Modell, das heute die Grundlage der in Deutschland
bekannten Persönlichkeitstests von Insights® oder Persolog® bildet, über-
trägt die Analogie der Typisierung auf den Menschen. Nach diesem
Menschenbild resultiert Verhalten allein aus der Persönlichkeit eines
Menschen und beruht auf feststehenden Präferenzen. Wer diese Persönlichkeit kennt und versteht, könne das Verhalten eines Menschen in
einer bestimmten Situation mit einer sehr hohen Wahrscheinlichkeit
vorhersehen. Insbesondere wird aus „Persönlichkeitsanalysen" auf das
Führungsverhalten und den persönlichen Führungsstil geschlossen.
Umgekehrt sollen es die Modelle möglich machen, die Persönlichkeit der Mitarbeiter zu erfassen und das Führungsverhalten dement-
sprechend auszurichten. Wenn das wirklich so einfach wäre, sollten
doch über 60 Jahre praktischer Anwendung von Persönlichkeitstests
mittlerweile dazu geführt haben, dass es heute durchweg erfolgreiche
Führungskräfte in Wirtschaft und Politik gibt.

Da das offensichtlich nicht der Fall ist, entstand in den 1970er-
Jahren die Idee der „Situativen Führung", die zweite Kategorie
moderner Führungstheorien. Nach den daraus abgeleiteten Ansätzen
ist Führungserfolg auch wesentlich von den Rahmenbedingungen
abhängig, in denen sich der Führende und seine Mitarbeiter jeweils
befinden. Das wohl bekannteste Modell von situativer Führung stammt
von Paul Hersey und Ken Blanchard aus dem Jahr 1977. Je nach
„Reifegrad" der geführten Mitarbeiter ist ein jeweils anderes Verhalten
des Vorgesetzten Erfolg versprechend. Für die praktische Anwendung
definieren Hersey und Blanchard vier unterschiedliche Führungsstile,
die man bildhaft mit „unterweisen", „überzeugen", „beteiligen" und
„delegieren" beschreiben kann. Führungserfolg stellt sich dann ein,
wenn der Führende, je nach Situation, einen passenden Führungsstil anwendet. Zur Beschreibung der Situation definieren die Autoren

vier sogenannte Reifegrade von Mitarbeitern hinsichtlich Motivation und Fähigkeit: „nicht fähig und nicht willig" oder „nicht fähig und unsicher", „nicht fähig, aber willig" oder „nicht fähig, aber vertrauensvoll", „fähig, aber nicht willig" oder „fähig, aber unsicher", sowie „fähig und willig" oder „fähig und vertrauensvoll". Eine ausführlichere Beschreibung dieser Führungstheorie finden Sie in (Hersey & Blanchard, 1982).

Doch schon aus dieser kurzen Zusammenfassung wird deutlich, welche praktischen Schwierigkeiten die Anwendung dieses Ansatzes im Führungsalltag mit sich bringt. Zum einen muss man vier sehr unterschiedliche Führungsstile sicher beherrschen, was zwar möglich ist, aber mit authentischem Verhalten wenig zu tun hat. Wer sich für einen bestimmten, angelernten Führungsstil entscheidet, spielt seine Führungsrolle und läuft Gefahr, zum Schauspieler zu werden. Zum anderen verlangt dieses Modell auch die Fähigkeit, einen Mitarbeiter immer wieder aufs Neue in seinem Reifegrad einzuschätzen. Das ist sehr anspruchsvoll und zugleich wenig praktikabel: Hand aufs Herz, wer findet dafür im modernen, immer schneller ablaufenden Unternehmensalltag schon die Zeit? Die Gefahr ist groß, dass Mitarbeiter in Reifegrad-Schubladen landen. Ganz zu schweigen davon, dass diese Art von Beurteilung kaum mit dem Bild vom mündigen Mitarbeiter vereinbar ist.

Es ist also nicht verwunderlich, dass mit dem neuen Jahrtausend eine zunehmende Abkehr von der Suche nach „optimalen" oder „Erfolg versprechenden" Führungsstilen oder Persönlichkeitsmerkmalen stattfindet. Wir verweisen hier auf (Nohira et al., 2003). Offensichtlich helfen feststehende Persönlichkeitsmodelle, „goldene Regeln" und schematische Verhaltensweisen nicht weiter. Führungsanforderungen, Zeitdruck, Mitarbeiterverhalten und die konkreten Rahmenbedingungen sind zu komplex, um sie schematisch abzuhandeln.

Eine grundlegend andere Sicht lieferte 2011 das Buch „Schnelles Denken, langsames Denken" (englischer Originaltitel: Thinking, Fast and Slow) von Daniel Kahneman. Die zentrale These des Buches ist die Unterscheidung zwischen zwei Arten des Denkens, das Verhalten vorausgeht: Das schnelle, intuitive und emotionale System 1 und das langsamere, Dinge durchdenkende und logischere System 2. Streng genommen, ist System 1 kein Denken. Handlungen, die auf System 1 zurückgehen, haben ihren Ursprung in Erfahrungen, die zu verinnerlichten und nicht mehr hinterfragten Vorurteilen führen sowie in Gewohnheiten, Intuition und Emotionen. Nur in System 2 finden bewusste Reflektion und rationales Abwägen von Möglichkeiten statt. System 1 ist extrem schnell und liefert Handlungsimpulse im Bereich von Millisekunden. Verglichen damit ist System 2 unglaublich langsam. In unvorhergesehenen Situationen dauert schon das rationale Erfassen mehrere Sekunden bis Minuten, abhängig von der Kompliziertheit der Situation.

Dieser Unterschied in der Arbeitsgeschwindigkeit hat eine lange unbeachtete Konsequenz: 90 bis 95 Prozent des menschlichen Handelns geht vom schnellen System 1 aus! Nur zu fünf bis zehn Prozent resultiert unser Verhalten aus dem rational reflektierenden und abwägenden System 2.

Damit ist die Vorstellung vom Homo oeconomicus, dem rational agierenden Menschen, der stets die Nutzenmaximierung im Sinn hat, obsolet. Weder von Führungskräften, Topmanagern oder Politikern kann man durchweg rationale Entscheidungen erwarten. Was man allerdings erwarten darf, ist, dass wichtige, folgenschwere Entscheidungen nicht aus dem Bauch, aus System 1 heraus, getroffen werden. Doch das ist nicht so einfach wie es klingt. In Politik und Wirtschaft werden Entscheidungen von großer Tragweite deshalb Gremien übertragen. Doch auch in diesen Gremien setzen sich nicht selten die „Alpha-Tiere" mit sehr dominantem System 1 durch.

Was also tun, um das System 1 zu bändigen? Um als Führungskraft im Wortsinn situativ zu führen, indem in als kritisch empfundenen Situationen auch das langsame System 2 in die Bewertung und Entscheidung einbezogen wird? Schließlich sind kritisch erlebte Situationen kaum noch so existenzbedrohend, dass System 1 die einzige sinnvolle Option ist. Allerdings hat uns die Evolution anders geprägt. Wenn es im Unterholz laut krachte, haben in der Regel die Mitglieder der Sippe überlebt, die sofort handelten und die Flucht ergriffen. Und nicht diejenigen, die nachschauten, wer dieses Geräusch verursacht hat. System

1 zu bändigen, bei sich uns und bei anderen, ist eine Herausforderung (Kahnemann, 2012).

Deshalb finden Sie in diesem Buch auch keine Patentrezepte dafür, wie Sie stets die richtigen Worte finden oder stets den richtigen Ton treffen. Was Sie bekommen, ist eine konkrete Vorstellung davon, wie menschliches Verhalten „funktioniert" und welche Rolle Emotionen, Bedürfnisse, Motive und Ängste dabei spielen. Auf dieser Basis erhalten Sie Werkzeuge in Form konkreter Regeln und Techniken, die Ihnen in kritisch empfundenen Momenten die Zeit verschaffen, Ihr eigenes Verhalten, insbesondere natürlich Ihr Führungsverhalten, aber auch das Ihrer Mitarbeiter und Kollegen, in jeder gegebenen Situation reflektieren und besser verstehen. Dieses Verständnis für situatives Verhalten, Ihr eigenes und das Ihres Gegenübers, schafft die Grundlage dafür, dass Sie durch ein bewusstes Training immer öfter die richtigen Worte finden, den richtigen Ton treffen und sich dabei absolut authentisch verhalten. Oder kurz gesagt: Sie agieren emotional kompetent.

Wir meinen das „situativ" in situativer Führung wörtlich. Führen mit praktischer emotionaler Kompetenz trägt der Individualität eines Menschen und seines Verhaltens Rechnung. Das mag unbequem klingen, ist aber der einzige Weg zum Erfolg. Denn Erfolg ist immer individuell und immer situativ.

Die einzelnen Kapitel führen Sie durch Situationen, wie Sie auch in Ihrem Alltag häufig vorkommen: Sie werden auf dem Flur von einem Mitarbeiter[1] angesprochen und mit einem Problem konfrontiert. Eine an einen Mitarbeiter übertragene Aufgabe wird nicht oder schlecht ausgeführt. Sie müssen ein Meeting leiten, das in einem konfliktreichen Umfeld platziert ist. Diese und andere Beispiele zeigen Ihnen, wie Sie die Regeln und Techniken der Praktischen Emotionalen Kompetenz (kurz PEK) konkret anwenden können. Sie verstehen die Motive

---

[1] Im Zentrum dieses Buches stehen die Erfahrungen und Erlebnisse einer jungen hoffnungsvollen Vertriebsleiterin und ihrer Assistentin. Wir schreiben bewusst nicht Vertriebsleiter*in, Assistent:in oder Ähnliches. Für uns ist es wichtig, ein flüssig lesbares Buch anzubieten, bei dem sich jeder angesprochen fühlt. Wir laden Sie auf jeden Fall herzlich zum Lesen ein, und wir meinen immer alle und natürlich auch Sie.

der handelnden Personen besser und reagieren bzw. kommunizieren dadurch überlegter und zielführender. Dabei gibt es keine eindeutig richtige oder eindeutig falsche Entscheidung oder Vorgehensweise. Sie finden daher in den „Reflexionen" Hintergründe, Erläuterungen und Konsequenzen beschrieben, die Ihnen dabei helfen, die beschriebenen Führungssituationen zu überdenken und dadurch Ihre emotionale Kompetenz zu schärfen.

Führung besteht im Wesentlichen aus Kommunikation und dem Treffen von Entscheidungen. Beides muss im Führungsalltag unmittelbar geschehen. Umso schneller ist man als Führungskraft verführt, aus dem Bauch heraus – aus System 1 – zu agieren, d.h. intuitiv und ohne bewusste Steuerung. Nicht zuletzt spielen Gefühlsregungen wie Irritation, Aufregung, Freude, Gereiztheit, Stress oder ein Hochgefühl aufgrund eines erlebten Erfolges eine entscheidende Rolle. Sie trainieren Ihr Führungsverhalten gerade dadurch, dass Sie sich die aktuelle Situation bewusst machen, Ihre eigene Einstellung genauso wie die Einstellung Ihres Mitarbeiters in den Blick nehmen und Hintergründe bzw. Ursachen für Anliegen und Konflikte geduldig erfragen. Kurz, Ihr System 2 zu aktivieren. Dies mag zunächst kompliziert klingen, gelingt Ihnen jedoch leicht mittels der PEK-Werkzeuge, die wir Ihnen in diesem Buch vermitteln, wie Fragetechniken, gezielte Sprache oder eine ganzheitliche Interpretation von Körpersprache. Je häufiger Sie Ihr Verhalten bzw. Ihre Kommunikation mit Mitarbeitern bewusst reflektieren und aktiv steuern – zumindest in kritischen Führungssituationen –, desto sicherer werden Sie sich als Führungskraft fühlen und desto überzeugender wird Ihr Auftreten wahrgenommen.

Die Beispielsituationen der einzelnen Kapitel sind bewusst so gewählt, dass sie sowohl eine Bandbreite typischer Führungssituationen widerspiegeln als auch fachliche Themen behandeln, wie z. B. Customer-Relationship-Management, Techniken für Problemlösung und Kreativität, Konfliktbewältigung oder das Treffen wichtiger Entscheidungen. An aus unserer Sicht interessanten Stellen finden Sie Reflexionen als Orientierungshilfe. Um den Lesefluss und Ihre Meinungsbildung nicht zu unterbrechen, können Sie diese auch einfach überspringen und zum Beispiel erst im Anschluss lesen.

PEK als Führungsinstrument ist in zahlreichen Seminaren erprobt und weiterentwickelt worden. Um PEK einzusetzen, brauchen Sie nichts als Übung. Dabei wünschen wir Ihnen unterhaltsame, erhellende Erfahrungen und natürlich viel Erfolg.

Literatur

Hemingway, E. (1932). *Death in the afternoon.* Charles Scribner's Sons.

Hersey, P., & Blanchard, K. (1982). *Management of organizational behavior.* Pearson.

Nohira, N., Joyce, W., & Robertson, B. (2003). What really works. *Harvard Business Review, 81,* 42–52.

Kahneman, D. (2012). *Schnelles Denken, langsames Denken.* Random House.

Inhaltsverzeichnis

Über die Autoren

Dr. Wolfgang Schneiderheinze, promovierter Mathematiker, ist Trainer, Coach und Buchautor aus Goldbach mit dem Fokus „PEK – Praktische Emotionale Kompetenz". Trainingsschwerpunkte sind gehirngerechte, überzeugende Kommunikation in Verhandlung, Vertrieb und Führung. Sein Fokus liegt darin, Trainingsteilnehmern zu helfen, kommunikatives Wissen in ihren konkreten Kontext zu übertragen und mit Emotionen professionell umzugehen. Dr. Wolfgang Schneiderheinze sammelte über mehrere Jahre Erfahrungen im Management renommierter Dienstleistungsunternehmen in den

Bereichen Vertrieb, Marketing und Service. Heute arbeitet er für Seminaranbieter und Unternehmen unterschiedlicher Branchen. Als Lehrbeauftragter an der Hochschule Darmstadt hält er interaktive Kurse zu situativer Führung und Kommunikation.

E-Mail: wsd@menschenspiegel.de, Internet: www.menschenspiegel.de

Carmen Zotta, M.A. ist seit vielen Jahren in der beruflichen Weiterbildung tätig. Nach ihrem Studium der Geisteswissenschaften und Betriebswirtschaftslehre war sie zunächst im Personalbereich einer Unternehmensberatung beschäftigt, bevor sie sich den Themenfeldern innovative Lernformen und Kompetenzaufbau widmete. Seit 2010 ist sie an der Frankfurt School für den Weiterbildungsbereich Credit Finance & Real Estate verantwortlich. Ihre Aufgabenschwerpunkte liegen in der Konzeption und Umsetzung praxisorientierter und wirkungsvoller Qualifizierungsmaßnahmen, Entwicklung von blended learning sowie in Maßnahmen der Transfersicherung.

Email: c.zotta@fs.de, Internet: www.frankfurt-school.de

1

Was ist Praktische Emotionale Kompetenz (PEK)?

Zusammenfassung Daniel Goleman löste 1996 mit dem Begriff „Emotionale Intelligenz" und dem gleichnamigen Buch einen regelrechten Hype aus (Goleman, 1996). Unternehmen suchten nach emotional intelligenten Führungskräften, denn nur sie garantierten nach Goleman unternehmerischen Erfolg. Nun sind Menschen unbestritten ebenso rational wie emotional gesteuert. Deshalb hat eine Führungskraft dann Erfolg, wenn Mitarbeiter auch emotional erreicht werden. Doch genau wie die klassische Intelligenz ist auch die emotionale keine Garantie für Erfolg. Was wirklich zählt sind Kompetenzen und diese sind trainierbar. Deshalb definieren wir nicht nur Emotionale Kompetenz, sondern wir zeigen auch, wie diese durch gezieltes Training erworben werden kann.

In der Betriebswirtschaftslehre bilden „Führung" und „Kommunikation" immer noch zwei zwar sehr wichtige, doch erstaunlicherweise als unterschiedlich betrachtete Bereiche. Unter Führung versteht man dabei im weitesten Sinne, Mitarbeiter ziel- und ergebnisorientiert zu aktivieren, sozial zu beeinflussen und sie bei der Erfüllung von Arbeitsaufgaben zu unterstützen. Mit Kommunikation hingegen wird im Allgemeinen der Austausch von Informationen zwischen zwei oder mehreren Personen bezeichnet. Hier zeigt sich, wie stark das Bild vom

© Springer Fachmedien Wiesbaden GmbH, ein Teil von Springer Nature 2023
W. Schneiderheinze und C. Zotta, *Ganz einfach kommunizieren*,
https://doi.org/10.1007/978-3-658-41271-5_1

Homo oeconomicus im kollektiven Unterbewusstsein verankert ist. Doch der Mensch hört nicht automatisch im System 2 zu. Ganz im Gegenteil! Jede Information wird immer zuerst vom System 1 aufgenommen und intuitiv emotional verarbeitet, was blitzschnell in einem Handlungsimpuls mündet. Wir können also praktisch sofort handeln, ohne zu denken. Denken findet dann, wenn überhaupt, im Nachhinein statt, was in der Regel zu spät ist.

Doch Kommunikation geschieht nicht absichtslos; wer kommuniziert, will etwas erreichen. Nicht einmal der sogenannte Small Talk ist davon ausgenommen. Doch wer als Führungskraft beeinflussen will, muss kommunizieren. Genau genommen besteht Führung aus nichts anderem als Kommunikation. Aus diesem Grunde ist „Ganz einfach kommunizieren" ein Buch über Führung durch überzeugende Kommunikation. Besonders wichtig ist kommunikative Überzeugungskraft für Führungskräfte im Vertrieb. Wer Kunden wie Mitarbeiter gleichermaßen versteht, deren Bedürfnisse, Motive oder Ängste erkennt, kann sein Team so führen, dass es erfolgreich ist, viele Aufträge gewinnt und stabile Kundenbeziehungen aufbaut und pflegt.

Im Mitarbeiter- wie auch im Kundengespräch kommt es darauf an, in der jeweiligen Situation „das Richtige" zu tun. Das gelingt, wenn man sein Gegenüber „richtig" wahrnimmt, die Gesprächssituation „richtig" erfasst und dann angemessen handelt. Doch was genau ist „richtig"? Wie kann man sicher sein, sein Gegenüber „richtig" zu verstehen oder eine Situation „richtig" zu interpretieren? Vor allem, wie kann man Konstellationen, die im Alltag blitzschnell und ohne Unterbrechung ablaufen, kommunikativ bewusst steuern?

Sie lernen hier einen Ansatz kennen, der Wegweiser und Werkzeuge für Ihre Kommunikation im Führungsalltag bereitstellt. Damit das Folgende leichter lesbar und verständlich wird, nennen wir ab jetzt System 1 Autopilot und System 2 Pilot. Der Pilot eines Flugzeugs ist zuständig für die schwierigen Situationen wie Start, Landung oder Turbulenzen. Ein Flugzeug, dessen Pilot eine Turbulenz zu spät erkennt und sie dem Autopiloten überlässt, kann abstürzen.

Für Führungskräfte gilt im übertragenen Sinne das gleiche. Wer eine kritische Situation nicht als solche erkennt, wird in der Regel mit unreflektierter Kommunikation im Autopiloten eine Bruchlandung erleiden. Dasselbe gilt, wenn eine Situation zwar als kritisch erkannt wird, doch die bewusste Kommunikation dieser Situation nicht gerecht wird.

Der Schlüssel zu wirksamer, überzeugender Kommunikation liegt also darin, kritische Situationen auch als solche wahrzunehmen.

Reflexion

Kommunikation beruht auf drei tragenden Säulen: Zunächst gilt es, die eigenen Emotionen, unseren Autopiloten, an einer unmittelbaren Reaktion zu hindern. Dann, uns nicht von der Emotionalität unseres Gegenübers beeinflussen zu lassen, sondern durch gezielte Fragen sachlich zu verstehen, was diesen bewegt, worum es ihm wirklich geht. Und schließlich inhaltlich wie auch emotional bewusst, seine Bedürfnisse anzusprechen.

Die Fähigkeit, sich nicht von der emotionalen Verfassung der Gesprächspartner oder von Dringlichkeit und Bedeutung einer Situation beeinflussen zu lassen und nicht unmittelbar im Autopiloten zu agieren, ist deshalb die erste tragende Säule überzeugender Kommunikation und Führung.

Die zweite tragende Säule von Kommunikation ist eng mit der ersten verbunden. Sie beruht auf der Fähigkeit, situationsbezogen, nicht wertende emotional neutrale Fragen zu stellen. Wir nennen diese Fragen im Weiteren „gehirngerechte Fragen". Ziel dieser Art zu fragen ist es, nach und nach den Piloten unserer Gesprächspartner zu aktivieren. Nur wer reflektiert und nachdenkt, ist in der Lage, über seine Gefühle, Sorgen oder Bedürfnisse zu sprechen. Nur, wenn wir unser Gegenüber wirklich verstehen, können wir Ideen, Vorschläge oder Forderungen so formulieren, dass diese beim anderen ankommen, verstanden und reflektiert werden. Diese Säule nennen wir „professionelle Empathie".

Auf den gewonnenen Erkenntnissen baut die dritte Säule der Kommunikation auf: eine bewusste, emotional wirksame und damit überzeugende Wortwahl und Sprache.

Wer Kommunikation so versteht und praktisch beherrscht, überredet nicht, er überzeugt – auch oder gerade als Führungskraft. Deshalb laden wir Sie in diesem Buch ein, Ihren Weg zu mehr praktischer emotionaler Kompetenz, kurz PEK, zu gehen. Dafür erhalten Sie jetzt die nötigen Werkzeuge.

1.1   Den eigenen Piloten aktivieren (Säule 1)

> **Tipp**
>
> Alles, was Sie sagen, kann gegen Sie verwendet werden – sofort oder später. Sagen Sie, wenn es kritisch wird, nichts Unüberlegtes.

Überlegen kostet allerdings Zeit, selbst in scheinbar überschaubaren Situationen sind das mindestens 15 bis 20 s. So langsam tickt unser Pilot, mögen wir noch so intelligent sein (Kahneman, 2012). Da so „langes" schweigendes Nachdenken schnell unhöflich oder hilflos wirkt, müssen Sie sich diese Zeit unauffällig verschaffen.

Hierfür lernen Sie jetzt sieben Techniken zur Kontrolle Ihres Autopiloten kennen, die sich in Verhandlungen bewährt haben:

1. **Schweigen** für 3 bis 4 s (am Telefon 2 bis 3 s).
2. Kurzer **irrelevanter Kommentar**
3. Positiv **verbalisieren**
4. **Spiegeln**
5. Einfache Was-Fragen
6. **Entleeren**
7. **Vertagen**

Dies als erste Übersicht zum Einprägen. Hier nun die Anleitung für die praktische Umsetzung:

Schweigen für 3 bis 4 s

Diese Zeitspanne wird in unserem Kulturkreis als Reaktionszeit akzeptiert. Am Telefon ist der Geduldsfaden auf der anderen Seite meist etwas kürzer. Die scheinbar einfache Lösung, die Sekunden zu zählen, 21, 22, 23, lenkt uns vom Thema ab und verhindert unsere notwendige Fokussierung. Um die folgende Alternative zu verstehen, schauen wir uns den Autopiloten näher an.

Jeder Umweltreiz wird von der Amygdala, einer Art Firewall, bewertet. Unser Autopilot erhält also nur bereits von der Amygdala bewertete Informationen. Die in der Evolution existenzielle Frage lautet „Gefahr – Ja oder Nein?". Je nach Bewertung reagiert unser Autopilot mit „Kampf" oder „Flucht". Natürlich gilt das für zivilisierte Menschen nicht mehr wörtlich. Wer etwa eine Kritik schroff zurückweist, kämpft im übertragenen Sinne dagegen an. Und wer auf Kritik mit Ausreden reagiert, der flüchtet.

Nun aber zurück zu der Pause von 3–4 s. Wenn Sie es schaffen, in einer kritischen Situation mindestens 2 s weder eine Kampf- noch eine Fluchtreaktion zu zeigen, beendet Ihre Amygdala den Alarmzustand und Sie fangen an, sich zu beruhigen. Das erreichen Sie, indem Sie Blickkontakt herstellen, eine aufrechte Körperhaltung einnehmen und ganz ruhig durchatmen. Dieser Ablauf dauert mindestens 2 s. Diesen Tipp gab uns eine liebe Trainerkollegin, die frühere Opernsängerin Julia Kamenik.

Die Amygdala achtet also nicht nur auf Signale aus dem Umfeld, sondern auch auf unsere eigene Reaktion. Für unsere Vorfahren war das überlebenswichtig. Wer etwa vor einem Raubtier flüchtete, musste alle körperlichen Reserven aktivieren. Das geschah automatisch durch Ausschütten von Stresshormonen wie Kortisol oder Adrenalin. Wenn wir uns über einen Mitarbeitenden ärgern, ist das bereits eine Stressreaktion auf das, was er oder sie gesagt hat. Doch anders als bei unseren Vorfahren ist Stress in dieser Situation kontraproduktiv. Er macht eine professionelle Reaktion schwer bis unmöglich. Deshalb ist es wichtig, ruhig zu bleiben. Für mindestens 2 s schaffen Sie das mit der hier beschriebenen Technik. Probieren Sie es aus. Doch diese kurze Zeitspanne reicht nicht aus, um einen klaren Gedanken zu fassen. Dabei unterstützen die anderen oben genannten Techniken.

Kurzer irrelevanter Kommentar
Hiermit können Sie weitere wertvolle Sekunden gewinnen. Bei dieser Technik geht es darum zu zeigen, „ich höre Dir zu". Die Vokabeln dafür kennen Sie und wenden Sie ab und zu unbewusst an. Etwa „m-hm" oder „hm". Mit geschlossenem Mund senden Sie eine Empfangsbestätigung. Sie können auch neutral oder überrascht „okay" oder auch „aha" sagen. Aber Vorsicht, das will geübt sein! Jede Betonung oder auch übertriebene Überraschung in der Stimme macht das Gesagte nicht mehr irrelevant. Mit dieser Technik sagen Sie nichts, was bei Ihrem Gesprächspartner negative Emotionen auslöst oder verstärkt. Und Sie gewinnen durch die nachfolgende Pause wieder einige Sekunden, um sich zu sammeln.

Positiv verbalisieren
Jetzt geht es nicht mehr nur um Zeitgewinn. Mit dieser Technik beginnen Sie, zusätzlich die Atmosphäre des Gesprächs zu verbessern. Zum Beispiel, indem Sie auch einen heftigen Widerspruch gelassen mit den Worten aufnehmen „Danke, dass Sie das so klar ansprechen". Oder auf eine scheinbar unsinnige Ausrede mit „Gut, dass Sie das gleich am Anfang sagen".

In der Regel überraschen Sie Ihr Gegenüber damit positiv, dass Sie nicht negativ oder abweisend reagieren. Seine Amygdala hat keinen Grund weiter Alarmsignale zu senden, dadurch entspannt sich dessen Autopilot. Und Sie gewinnen wieder wertvolle Sekunden für Ihren Piloten. Vorsicht, sagen Sie auf keinen Fall etwas wie „das kann ich vollkommen verstehen". Daraus wird dann schnell ein „aha, Sie geben mir also Recht!", was den Autopiloten Ihres Gesprächspartners sofort bestärkt.

Spiegeln
Hierbei wiederholen Sie die letzten 1 bis 3 relevanten Worte Ihres Gegenübers. Auf „das ist viel zu kurzfristig" spiegeln Sie „zu kurzfristig". Sagen Sie das nüchtern, wie gedankenverloren. Ohne jede emotionale Betonung, möglichst auch ohne deutliches Fragezeichen am Ende. Dadurch fühlt sich Gesprächspartner verstanden, was die Gesprächsatmosphäre weiter verbessert.

Ganz wichtig beim Spiegeln – reden Sie danach nicht weiter. Denn rein technisch gesehen ist der andere jetzt wieder am Zug. Das spürt dieser auch und normalerweise erklärt oder erläutert er seine Aussage jetzt. Das bringt Ihnen reichlich Zeit und dazu meist wertvolle Informationen. Wer trainiert ist, antwortet allerdings knapp mit „ja, genau". Jetzt hilft Ihnen die nächste Technik.

Einfache Was-Fragen
Warum gerade „Was"? Warum nicht einfach offene W-Fragen? Nun, „Was" ist das offenste Fragewort. Es schränkt die Antwortmöglichkeiten nicht ein und klingt auch nicht entfernt nach Aufforderung zur Rechtfertigung, was bei Fragen mit „Wie" oder „Warum" häufig passiert. „Was ist passiert" ist neutral, auf „wie ist das passiert" hören Sie schnell „das war ein Versehen". Und auf „warum ist das passiert" folgt häufig eine Antwort wie „wir haben wirklich alles getan, es war einfach Pech".

Weitere Beispiele solch einfacher Fragen sind „Was heißt das konkret?", „Was genau erwarten Sie?", „Was schlagen Sie vor?", „Was wäre eine Alternative?" oder „Was haben Sie schon unternommen?".

Jede dieser offenen Fragen ist legitim und frei von Vorwurf oder gar Provokation, vorausgesetzt Sie bleiben emotionsarm im Ton. Die Amygdala Ihres Gegenübers schaltet nicht auf Gefahr und Nachdenken über eine Antwort ist die wahrscheinlichste Reaktion.

Natürlich sind Fragen nie frei von Kontext. Doch solche kurzen, einfachen Fragen sind nahezu universell einsetzbar. Legen Sie sich für Ihre Gespräche ein Ihnen angenehmes Repertoire an Fragen zurecht und nutzen Sie diese regelmäßig. So programmieren Sie Ihren Autopiloten auf Fragen statt Sagen. Sie wissen ja, wer fragt führt. Die folgende Technik die logische Fortsetzung dieser Fragetechnik.

Entleeren
Mit einer Frage erfahren Sie nur selten alles, was Sie für die zielführende Fortsetzung des Gespräches wissen sollten. Fragen Sie einfach weiter. Fragen sind keine Klagen, weiß der Volksmund. Außerdem sorgt behutsames Entleeren dafür, dass Ihr Gespräch zunehmend von Pilot zu Pilot geführt wird, was in konstruktive Sachlichkeit mündet.

Vertagen

Falls Sie im Laufe des Gespräches feststellen, dass Sie sich im Kreis drehen oder die erhaltenen Informationen lieber in Ruhe durchdenken oder sich Rat holen wollen, dann unterbrechen Sie höflich und bestimmt. Sagen Sie klar, dass Sie jetzt Bedenkzeit brauchen oder sich mit einem Kollegen besprechen wollen. Je nach Situation bieten Sie einen Rückruf (passt gut am Telefon) oder die Fortsetzung des Gespräches zu einem späteren Zeitpunkt an. Wenn es sinnvoll ist, dann schlagen Sie eine Antwort per E-Mail vor. Gerade in kritischen Gesprächen, zum Beispiel im Verkauf oder bei Verhandlungen, ist es wichtig, nichts zu sagen oder zu tun, was Sie nicht mehr zurücknehmen können!

1.2 Professionelle Empathie (Säule 2)

In seinem Buch, „7 Wege zur Effektivität" (Covey, 1992), nannte Stephen R. Covey als fünften Weg das Prinzip „Erst verstehen, dann verstanden werden". Was macht dieses Prinzip so wichtig, dass Covey diesem ein ganzes Kapitel gewidmet hat? Was macht es für die Autoren so wichtig, die praktische Umsetzung dieses Prinzips in einem eigenen Unterkapitel zu beschreiben?

Nun, der moderne, emanzipierte Mensch ist darauf programmiert, zu reden. Hand aufs Herz, wir hören anderen doch nur so lange zu, bis wir eine Idee haben, was wir darauf sagen können. Unser Autopilot ist durch Evolution und Erfahrung darauf programmiert, möglichst schnell zu antworten, etwas uns Wichtiges zu sagen. Schon als Kind werden wir belohnt, wenn wir als erste die richtige Antwort gerufen haben. Wer hat schon die Lehrerin gefragt, „Was ist denn der Hintergrund Ihrer Frage"? Wichtig war nur, sich zuerst zu melden. In Diskussionsrunden wurden wir für unsere großartigen Argumente gelobt. Ziel war immer, die Argumente des anderen durch bessere, durchschlagende Argumente zu widerlegen. Wir wollen gewinnen.

In vielen Führungstrainings lernen wir auch heute noch, wie wichtig es ist, sich klar und verständlich auszudrücken, damit unsere Mitarbeiter verstehen, worum es geht und was sie tun sollen. Auch lernen wir, uns auf Gespräche mit Mitarbeitenden oder Kollegen vor-zubereiten. Wir überlegen im Vorfeld, welche Interessen, Motive oder Sorgen unsere Gesprächspartner haben könnten. Wir treffen Annahmen, stellen Vermutungen an, projizieren unsere Vorstellungen auf unsere Zielpersonen. Ängste schieben wir dabei gerne beiseite. Schließlich wollen wir positiv denken und das auch vermitteln. So gehen wir ins Gespräch, das Meeting oder die Verhandlung. Und danach? Wie oft wundern wir uns im Nachhinein über Unverständnis, Widerstände oder Passivität? Oder wir denken, „denen habe ich jetzt mal ordentlich die Leviten gelesen. Jetzt wissen sie, was zu tun ist."

Sie haben da, nach dem, was Sie inzwischen von Pilot und Auto-pilot wissen, Ihre Zweifel? Nun, wir auch. Wer sagt uns denn, dass unsere Annahmen, Vermutungen und Projektionen richtig sind, dass unsere daraus abgeleiteten Argumente auf offene Ohren treffen? Wenn ein Argument vom Zuhörer abgelehnt wird, beginnt das schon bei der Amygdala, die das Argument als „Gefahr" markiert, was beim Auto-piloten zu einem Kampf- oder einem Fluchtimpuls führt. Im ersteren Fall ernten wir offenen Widerspruch und wir versuchen, diesen mit immer neuen Argumenten wegzudiskutieren. Je nach gegenseitigem Verständnis vom Machtgefüge führt das zu offener Konfrontation bis hin zur Eskalation – oder eine Seite gibt auf und überlegt im Stillen, wie sie aus der Sache am besten herauskommt. Beides ist im Sinne eines guten, zielführenden Gespräches oder Meetings kontraproduktiv. Keine Seite hat während des Gespräches im Piloten reflektiert, was gesagt wurde. Das passiert, wenn überhaupt, erst später und damit in der Regel zu spät.

Der Fehler liegt hier schon darin, unseren Annahmen, Vermutungen, Projektionen und das Ausblenden von Ängsten im Vorfeld, still-schweigend als richtig vorauszusetzen. Denn „Annahmen machen blind, Hypothesen geben Orientierung" wissen erfahrene Gesprächsführer und Verhandler des FBI (Voss & Raz, 2017).

Annahmen, die wir scheinbar gut begründet getroffen haben, hinter-fragen wir nicht mehr, wir setzen sie als wahr voraus. Das gilt genauso für unsere Vermutungen, Projektionen und ausgeblendete Ängste. Wir reflektieren unsere Vorbereitung (hoffentlich) im Piloten, sehen keine Widersprüche und machen einen Haken daran. Doch haben wir wirklich unsere, tief im Autopiloten verankerten, Vorurteile und Glaubenssätze im Piloten rational hinterfragt? Häufig verlassen wir uns auch auf unsere Routine, auf unsere Erfahrung und auf unser Bauchgefühl – und damit unreflektiert auf unseren Autopiloten. Wir starten das Gespräch oder das Meeting damit im Blindflug überlassen das Geschehen unserem Autopiloten. Kommen wir dann in Turbulenzen, hat der Pilot kaum Chancen, die Situation zu retten. Im besten Fall vertagen wir dann – oder wir sprechen als Chef einfach ein Machtwort.

Ganz anders ist die Situation, wenn wir im Vorfeld Hypothesen zu Interessen, Motiven, Sorgen oder Ängsten formulieren. Denn im Gegensatz zu unbewusst als wahr angenommenen Annahmen, verlangen Hypothesen eine Überprüfung an der Wirklichkeit. Die einfachste und schnellste Möglichkeit dazu ist, die Gesprächs- oder Meetingpartner zu fragen. Denn nur die wissen, was sie bewegt. Die Herausforderung hierbei besteht darin, die andere Seite dazu zu motivieren, uns ehrliche Antworten zu geben. Hierfür brauchen wir einfache psychologische Taktiken und Strategien, die für die Praxis geeignet sind, Menschen zu beruhigen, eine Gesprächsbeziehung herzustellen, Vertrauen zu schaffen, die Artikulation von Bedürfnissen zu motivieren und andere von unserer Empathie überzeugen. (Covey, 1992)

Hierbei geht es in erster Linie um unsere Art zu fragen. Denn auch Fragen sind Umweltinformationen, die von der Amygdala der Gefragten auf „Gefahr" gescannt werden. Eine Frage, die Gefahr signalisiert, erreicht nicht den Piloten, sondern der Autopilot reagiert mit spontaner Rechtfertigung, Ausflüchten, Vorwänden oder mit Vorwürfen. All dies verhindert, dass wir erfahren, was wir wissen müssen, um andere zu verstehen. Doch wie vermeiden wir mit unseren Fragen spontane Antworten des Autopiloten? Wie fragen wir „gehirngerecht"?

Reflexion

Gehirngerechte Fragen signalisieren den Wunsch und die Bitte „Ich möchte, ich will Dich verstehen". Gehirngerechte Fragen sind frei von expliziten oder impliziten Vorwürfen, von Kritik oder Unterstellung. Auch dürfen sie auch nicht indirekt Konsequenzen aussprechen oder vermuten lassen. Das unverfänglichste Fragewort ist dabei „Was".

Viele häufig benutzte Fragen sind nicht gehirngerecht. „Warum haben Sie mich nicht rechtzeitig informiert?" ist ein Vorwurf, der Rechtfertigung oder eine schnippische Antwort provoziert. Das gilt wohl für alle Warum-Fragen, zumindest ist uns keine gehirngerechte Frage mit diesem Fragewort bekannt.

Auch bei Wie-Fragen ist Vorsicht geboten. „Wie konnte das passieren?" ist genau so wenig zielführend wie „Wie kommen Sie darauf?". Selbst die Frage „Wie haben Sie sich das vorgestellt?" kann als Zweifel interpretiert werden. Besser ist da schon „Wie könnte das denn nach Ihrer Erfahrung praktisch umgesetzt werden?". Mit dieser Frage signalisieren Sie Interesse. Der Konjunktiv macht die Frage weicher und die Anerkennung vermeidet ein Gefahrensignal der Amygdala. Kann der Gefragte nicht spontan antworten, setzt bei Ihm Nachdenken ein, sein Pilot übernimmt. Wurde die Frage erwartet, kommt eine erste spontane Antwort. Das liefert Ihnen Ansatzpunkte für weitere gehirngerechte Fragen (Entleeren!) und das Gespräch verläuft zumindest für den Moment zwischen Piloten.

Der oft zu hörende Tipp, „sage immer, warum Du fragst", leistet fraglos einen Beitrag zu einer positiven Gesprächsatmosphäre. Was aber nicht bedeutet, dass die nachfolgende Frage nicht gehirngerecht sein sollte. Oder wie wirkt „Ich würde gerne verstehen, wie Sie darauf kommen?" auf Sie? Selbst mit sanfter Betonung liegt beim Gefragten die Vermutung nahe, dass Sie Zweifel haben.

Schauen wir nun Beispiele für die oben hervorgehobenen Was-Fragen an.

- Was schlagen Sie vor?
- Was könnten Sie sich noch vorstellen?
- Woran machen Sie das fest? (Umschreibt „was bringt Sie zu dieser Vermutung")
- Was außer dem Preis ist für Sie noch relevant?
- Was wäre nach Ihrer Einschätzung eine Alternative?

Natürlich macht auch bei diesen Fragen immer auch „der Ton die Musik". Fragen Sie nüchtern, sachlich und zeigen Sie auch im Ton Ihrer Stimme Interesse. Neben Ihrer Art zu fragen ist Ihre Einstellung zu Ihren Gesprächspartnern ein wichtiger Schlüssel. Dabei hilft eine zentrale These aus (Covey, 1992) und (Voss & Raz, 2017):

„Verstehen" heißt nicht automatisch „Einverstanden" sein!

Das hilft ungemein dabei, auch an Kritikgespräche oder andere konfliktträchtige Gespräche oder Meetings offen, pragmatisch und auf Lösungen fokussiert heranzugehen. Das gilt auch für extreme Situationen. Verhandler des FBI sind selbstverständlich nicht mit einer Geiselnahme einverstanden. Trotzdem zeigt die praktische Erfahrung, dass es wichtig ist, die Beweggründe der Geiselnehmer zu verstehen. Und geduldiges, gehirngerechtes Fragen bringt diese dazu, ihre Situation zu reflektieren und in der Regel kompromissbereiter zu agieren. Hauptziel der Verhandler ist schließlich, das Leben und Gesundheit der Geiseln zu schützen.

1.3   Emotionen gezielt ansprechen (Säule 3)

In den beiden vorausgegangenen Unterkapiteln haben wir uns damit beschäftigt, wie wir in schwierigen Gesprächen oder Meetings den Einfluss von Emotionen und damit der beteiligten Autopiloten deutlich reduzieren oder sogar ganz vermeiden. Wenn es unterschiedliche Meinungen, unterschiedliche Sichten auf ein Thema oder auf eine Situation gibt, dann finden die beteiligten Autopiloten keine einvernehmliche Lösung. Hier liegt die einzige Chance im Piloten, konstruktive Lösungen zu finden, die alle Beteiligten akzeptieren können, oft sogar als Win–Win-Situation empfinden.

Wenn alle Beteiligten im Piloten agieren, dann ist auch das Harvard-Konzept sinnvoll umsetzbar. Doch wenn die Situation geklärt ist, kommt der Autopilot wieder ins Spiel. Wenn wir wissen, was dem oder den anderen wichtig ist, geht es darum, Ideen, Vorschläge, Bitten oder auch Forderungen auf den Tisch zu legen, die der anderen Seite nicht nur logisch und plausibel erscheinen, sondern die auch ein gutes

Bauchgefühl hervorrufen, sprich den Autopiloten positiv stimmen. Nur, wenn wir das erreichen, haben die vereinbarten Lösungen auch Bestand. Sie haben es bestimmt auch schon erlebt, dass Sie eine reine Verstandesentscheidung im Nachhinein, zum Beispiel über Nacht, widerrufen haben, weil Sie kein gutes Bauchgefühl hatten.

Es lohnt sich also, unseren Autopiloten genauer zu betrachten. Dazu greifen wir ein Modell des Psychologen Hans-Georg Häusel zurück, dass er in (Häusel, 2008) ausführlich dargestellt hat. Danach lässt sich menschliches Verhalten mit drei Verhaltensprogrammen sehr plastisch beschreiben. Die animalischen „Kampf" oder „Flucht" haben beim Menschen zwei sehr verschiedene Sammlungen von Verhaltensmustern hervorgebracht. Nach Häusel löst der Kampfimpuls das sogenannte „Dominanz-Programm" und der Fluchtreflex das „Balance-Programm" aus.

Der Begriff „Programme" ist ausgesprochen treffend, weil der Autopilot unsere Erfahrungen, Vorurteile, Gewohnheiten, Routinen, Intuition und unsere Emotionen in situatives Verhalten umsetzt. Und das sehr vorhersehbar. Bestimmte Umweltreize lösen immer wieder die gleichen Reaktionen des Autopiloten aus. Wir ärgern uns zum Beispiel zuverlässig immer wieder über die gleichen oder ähnlichen Dinge. In (Häusel, 2008) ist ausführlich beschrieben, warum wir so leicht beeinflussbar, ja sogar manipulierbar sind. Wir setzen unsere Fähigkeit, zu denken und Informationen zu hinterfragen, zu selten und nicht immer an den richtigen Stellen ein. Sowohl Dominanz als auch Balance sind die natürlichen Weiterentwicklungen unserer klassischen Überlebensprogramme. Gegen Gefahren oder Bedrohungen haben sich Menschen schon immer mit allen Kräften gewehrt oder aber sind mit dem Einsatz aller Reserven geflüchtet. Der moderne, durch die Zivilisation geprägte Mensch tut das heute vor allem verbal. Schauen wir uns jetzt beide Programme genauer an.

Dominanz-Programm:

- **Credo:** „Ich bin von dem, was ich will, zutiefst überzeugt – und ich bin genau so überzeugt, dass ich alle Mittel habe, um es zu erreichen!"

- **Motive:** Hauptmotiv ist Macht und zeigt sich zum Beispiel im Streben nach Autonomie, Leistung, Kontrolle, Profit oder Status.
- **Unterbewusste Programm-Befehle:** (Auswahl)

  – Setze dich durch!
  – Bleib autonom!
  – Sei aktiv!

- **Geflügelte Worte,** die die Grundstimmung Dominanz wiedergeben:

  – Zeit ist Geld.
  – Der Zweck heiligt die Mittel.
  – Der Zweite ist der erste Verlierer.

- **Fokus:** Antworten auf WAS-Fragen, wie zum Beispiel:

  – Was habe ich davon?
  – Was muss ich dafür tun?
  – Was erwarten Sie von mir?

Balance-Programm:

- **Credo:** „Ich suche Sicherheit, Unterstützung und Zuspruch bei Menschen meines Umfeldes und meiner Umgebung"
- **Motive:** Hauptmotiv ist Zugehörigkeit und zeigt sich zum Beispiel im Wunsch und dem Streben nach Gemeinschaft, Verlässlichkeit, Tradition, Sicherheit und Vertrauen
- **Unterbewusste Programm-Befehle:** (Auswahl)

  – Kein Risiko!
  – Suche und erhalte Stabilität!
  – Nimm Rücksicht und sei hilfsbereit!

- **Geflügelte Worte,** die die Grundstimmung Balance wiedergeben:

  – Schuster, bleib bei deinem Leisten!
  – Was lange währt, wird endlich gut.
  – Wer anderen eine Grube gräbt, fällt selbst hinein.

- **Fokus:** Antworten auf WARUM-Fragen, wie zum Beispiel

- Warum gerade ich?
- Warum ist dieser Weg sicher?
- Warum kann ich Ihnen vertrauen?

Nun gibt es allerdings auch den günstigen Fall, dass die Amygdala eine Umwelt-Information nicht als Gefahr erkennt. Dann arbeitet die Amygdala als „lohnt es sich?"-Sensor. Auch das war in der Evolution des Menschen von Vorteil. Wenn unsere Vorfahren an einem Baum mit Früchten vorbeikamen, standen sie vor der Entscheidung „lohnt es sich, wegen der Früchte auf diesen Baum zu klettern"? Auch diese Entscheidung wurde ausschließlich im Autopiloten getroffen. Wir entscheiden über unser Interesse spontan, ohne den Piloten einzubeziehen. Wie zum Beispiel die Werbung das heute nutzt, können Sie bei Interesse ausführlich in (Häusel, 2008) nachlesen.

Damit sind wir beim „Stimulanz-Programm", dem dritten von Hans-Georg Häusel dort eingeführten Verhaltensprogramm. Auch das lässt sich genau wie oben übersichtlich charakterisieren.

Stimulanz-Programm:

- **Credo:** „Ich brauche eine positive Stimmung im Umfeld und erwarte und suche Anerkennung durch andere" (zum Beispiel „fishing for compliments").
- **Motive:** Hauptmotiv ist Anerkennung und zeigt sich zum Beispiel im Verlangen und dem Streben nach Lob, Spaß, Genuss, Flexibilität oder Geselligkeit.
- **Unterbewusste Programm-Befehle:** (Auswahl)

  - Sei neugierig!
  - Suche nach Belohnung!
  - Mach auf Dich aufmerksam, zeige Dich!

- **Geflügelte Worte,** die die Grundstimmung „Stimulanz" wiedergeben:

  - Neues Spiel – neues Glück.
  - Tue Gutes und rede darüber.
  - „Es ist schwer, bescheiden zu sein, wenn man so großartig ist wie ich." (Muhammad Ali)

- **Fokus:** Antworten auf WIE-Fragen, wie zum Beispiel

  – Wie funktioniert das?
  – Wie kann ich das nutzen?
  – Wie sieht das zukünftig aus?

Bei diesen Beschreibungen geht es ausdrücklich nicht darum, Menschen in Kategorien einzuteilen! Es geht darum, zu zeigen, dass und wie Menschen, je nach aktivem Programm, im Autopiloten nicht immer gleich, sondern durchaus sehr unterschiedlich agieren. Deshalb befassen wir uns jetzt damit, wie Sie diese Programme bei Ihren Mitarbeitenden und Kollegen gezielt ansprechen und dadurch aktivieren können. Ganz so wie es uns die Werbung jeden Tag vorführt. Der Schlüssel dafür ist der sehr unterschiedliche Fokus des Interesses, den Menschen in den einzelnen oben beschriebenen Verhaltensprogrammen haben. Hier erhalten Sie drei Möglichkeiten, Botschaften für den Autopiloten unterschiedlich zu „verpacken":

- **WAS-Botschaft:** Die kurze und klare Formulierung, zum Beispiel von

  – Forderungen
  – Vorschlägen
  – Angeboten

- **WARUM-Botschaft:**   Eine   verständliche   Erklärung   oder Begründung, etwa von

  – Sachzwängen
  – Abhängigkeiten
  – Zusammenhängen

- **WIE-Botschaft:** Die Vermittlung einer bildlichen Vorstellung, zum Beispiel von

  – Ideen
  – Visionen
  – Alternativen

Wenn Sie etwa eine Forderung an einen Mitarbeiter haben, dann formulieren Sie diese präzise als „Was ist zu tun" und geben zur Motivation ein „Warum ist das wichtig" und bei Bedarf als Anregung ein „Wie kannst Du das am besten tun". Zur Illustration hier ein Beispiel:

- **Ihr WAS:** „Bitte melden Sie sich heute bis 14 Uhr für die CRM-Schulung an."
- **Ihr WARUM:** „Die Plätze sind knapp und Ihr Platz ist nur noch heute garantiert."
- **Ihr WIE:** „Bitte schicken Sie das ausgefüllte Anmeldeformular per Fax an 0123-456789".

Seminarteilnehmer interessieren sich fast immer dafür, wie und woran man die einzelnen Verhaltensprogramme – und auch den Piloten – im Alltag erkennen kann. Deshalb auch hier noch ein kleiner Exkurs zum Thema. Dafür beschreiben wir die unterschiedlichen Programme und auch den Piloten mit Worten.

Das **Dominanz-Programm** entspricht unserer pragmatisch handelnden Seite. Wer darin agiert, dominiert häufig seine Umgebung. Dafür wird gezielt Blickkontakt gesucht und vor allem beim Sprechen und beim Zuhören gehalten. Die Körperhaltung ist aufrecht und die Körpersprache wirkt nachdrücklich. Im Dominanz-Programm werden wir schnell ungeduldig. Die Stimme ist klar, prononciert und immer so laut, dass man sie nicht überhören kann. Verbale Reaktionen erfolgen rasch, direkt und gezielt, wobei die geradlinige, oft energische Gestik die Aussagen unterstreicht und verstärkt. Die verwendeten Sätze haben selten mehr als sechs Wörter, und die Satzeichen werden deutlich mitgesprochen, gefolgt von Wirkpausen. Als wichtig erachtete Aussagen werden durch längere Pausen deutlich hervorgehoben.

Menschen im **Balance-Programm** begegnen uns in vertrauter Umgebung freundlich und hilfsbereit, mit offenem Blickkontakt. Sind wir oder die Umgebung nicht vertraut, so sind sie eher vorsichtig und zurückhaltend, und der Blickkontakt wird oft ganz vermieden. In dieser Situation führt besonders der herausfordernde Blickkontakt dominant agierender Gegenüber sogar zu Verlegenheit. In Balance agieren wir ruhig und unaufdringlich, was durch die, im Vergleich zu den beiden anderen Programmen, leise Stimme noch unterstrichen wird. In Balance halten wir uns gerne zurück, drängen uns auf keinen Fall in den Vordergrund. Im Gespräch mit nur wenig bekannten Personen antworten wir dann oft nur auf direkte Nachfrage. Gestik und Körpersprache im Balance-Programm wirken langsam, gleichmäßig und ausgesprochen unaufdringlich. Auf die Mimik muss man sehr genau achten, um Enttäuschung, Zustimmung oder Ablehnung darin zu erkennen – besonders dann, wenn wir mit unserem Gegenüber nicht sehr vertraut sind.

Im **Stimulanz-Programm** erscheinen wir unserem Umfeld offen, gelassen oder gar locker unbeschwert. Unser Blick ist interessiert, freundlich und schweift neugierig umher. Die Körperhaltung wirkt entspannt, manchmal lässig. Die Körpersprache ist offen, lebhaft und gestenreich, die Bewegungen sind schwungvoll. Mimik und Gestik unterstützen, was gesagt oder erzählt wird. In Stimulanz sprechen wir frei heraus und spontan, mit lebhafter, gefühlsbetont artikulierter Stimme.

Auch Auftreten im Piloten lässt sich gut beschreiben. Menschen im **Piloten** wirken auf den ersten Blick reserviert, vielleicht sogar kühl oder in Gedanken versunken. Sie wirken ruhig und in sich ruhend. Ihre Antworten und Aussagen sind überlegt und betont sachlich, was manchmal distanziert und emotional unbeteiligt wirkt. Das sichtbarer Ausdruck dessen, dass wir uns im Piloten gut und reiflich überlegen, was und wie wir etwas sagen. Das ist ein deutlicher Unterschied zu den drei Programmen des Autopiloten.

Im Piloten ist die Sprache gleichmäßig, ohne Stimmlage oder Lautstärke zu variieren, was aus Sicht des Autopiloten als monoton empfunden wird. Dieser Eindruck wird verstärkt durch Gestik und Mimik, die im Grunde kaum sichtbar ist. Im Piloten sind sowohl WAS, WARUM und WIE, in dieser Reihenfolge, im **Fokus.** Wenn es Ihnen gelingt, Ihre Gesprächspartner anhand dieser Beschreibungen einzuschätzen, können Sie Ihr Anliegen mit Argumenten so formulieren und verpacken, dass sie nicht nur sachlich nachvollziehbar sind, sondern vor allem auch emotional angenommen werden. Konzentrieren Sie sich dabei vor allem auf den jeweiligen Fokus von Pilot und Programmen des Autopiloten.

Sicher wird es am Anfang nicht einfach sein, sich selbst so gut zu steuern und in der Hitze des Gefechts gerät man schnell in ein emotionales Programm, sieht „Rot" oder lässt sich von einer guten oder negativ-aufgeheizten Stimmung mitreißen. Doch auch hier gilt die altbekannte Weisheit, dass Übung den Meister macht. Versuchen Sie im Berufsalltag so häufig wie sinnvoll möglich, den Piloten zu aktivieren und über Gesprächsverläufe, dahinterliegende Emotionen oder Befürchtungen nachzudenken. Machen Sie für sich selbst kleine Zeitfenster auf, um den Piloten aktiv werden zu lassen – und schon bald werden Sie Gespräche, Verhandlungen oder auch Konflikte leichter und schneller meistern können.

In den folgenden Kapiteln lernen Sie Menschen im Berufsalltag kennen, die sich mit Führungs- und Kommunikationsproblemen auseinandersetzen müssen. Sie agieren und kommunizieren aus den vorgestellten Programmen heraus und sind dabei nicht immer erfolgreich. Durch die Reflexion der Situation und dazu aufgezeigte Alternativen können Sie das aktive Programm Ihres Gesprächspartners schnell besser einschätzen. Auf dieser Basis können Sie mit den richtigen, gehirngerechten Fragen den Autopiloten Ihres Gegenübers aktivieren und kommen so aus der Gefahr der emotionalen Fehlsteuerung heraus.

Nicht zuletzt erfahren, Sie auch, warum es so wichtig ist, selbst im Piloten zu agieren und diesen für sich selbst immer wieder zu aktivieren, gerade wenn sich Gesprächsverläufe konfliktreich gestalten. Denn nur im „Klärungsprogramm", also mit aktivem Piloten, kann es Ihnen gelingen, lösungsorientiert und professionell-überlegt vorzugehen.

Literatur

Covey, S. R. (1992). *Die sieben Wege zur Effektivität.* Campus.
Goleman, D. (1996). *EQ. Emotionale Intelligenz.* Hanser.
Häusel, H-G. (2008). *Neuromarketing. Erkenntnisse der Hirnforschung für Markenführung, Werbung und Verkauf.* Haufe-Lexware.
Kahneman, D. (2012). *Schnelles Denken, langsames Denken.* Random House.
Voss, C., & Raz, T. (2017). *Kompromisslos Verhandeln.* Redline.

2

PEK im Führungsalltag: Standardsituationen

Zusammenfassung In diesem Kapitel können Sie aktiv an den Erfahrungen und Erlebnissen der jungen, hoffnungsvollen Vertriebsleiterin Alexandra und ihrer Assistentin Corinna teilhaben. Sie erleben Praktische Emotionale Kompetenz in konkreten Situationen des Führungsalltags. Dabei werden auch fachliche Themen behandeln, wie z. B. Customer-Relationship-Management, Techniken für Problemlösung und Kreativität, Konfliktbewältigung oder wichtige Entscheidungen zu treffen. Die eingefügten Reflexionen sind als Orientierungshilfe gedacht. Um Ihre Meinungsbildung nicht zu stören, können Sie diese auch einfach überspringen und erst im Anschluss lesen.

2.1 „Hast Du mal kurz Zeit?"

Darum geht es in dieser Episode

Hier lernen Sie das Zusammenspiel von Pilot und Autopilot mit dessen Verhaltensprogrammen ausführlich in Beispielen aus dem Führungsalltag kennen. Damit haben Sie die Grundlage, das Verhalten anderer – und Ihr eigenes – besser zu verstehen und erhalten Anregungen, wie die im ersten

© Springer Fachmedien Wiesbaden GmbH, ein Teil von Springer Nature 2023
W. Schneiderheinze und C. Zotta, *Ganz einfach kommunizieren*,
https://doi.org/10.1007/978-3-658-41271-5_2

Kapitel vorgestellten Regeln und Techniken in der Praxis wirken. Vor allem erhalten Sie erste Ideen, wie und vor allem wann Sie welche Techniken selbst zielführend anwenden können.

Sechs Monate ist Alexandra jetzt schon im Unternehmen. Ein halbes Jahr voller Ereignisse und spannender Erfahrungen ist seit dem Tag vergangen, als ihr Mentor, der Vorstandsvorsitzende Carl Boldinger, sie der Führungsmannschaft mit den Worten vorgestellt hat: „Gerade im Vertrieb, davon bin ich zutiefst überzeugt, gilt: ohne Emotionen kein nachhaltiger Umsatz. Deshalb haben wir uns sehr bewusst für Alexandra als neue Vertriebsleiterin entschieden."

Diesen Satz voller Vorschusslorbeeren wieder im Ohr, verlässt Alexandra das Vorstandsbüro, wo sie gerade ihre Ideen zur Neukundengewinnung vorgestellt hat. Voller Elan auf dem Weg zu ihrem Büro hält sie kurz inne, um in ihrem iPhone eine Nachricht zu lesen. In diesem Moment wird sie von Peter angesprochen: „Hast Du mal kurz Zeit?" In Gedanken bei der Nachricht, sagt Alexandra „klar", ohne wirklich den Blick vom iPhone zu heben. Peter ist erfreut, dass die Chefin so spontan für ihn Zeit hat. „Wie soll ich einem Mitarbeiter nur beibringen, dass er diesmal keinen Bonus bekommt?" Mit dieser Frage hat Alexandra nun überhaupt nicht gerechnet. Das ist doch keine Frage für den Flur, denkt sie. Hätte ich doch nur vorher gefragt, worum es geht. Aber gut, jetzt muss ich irgendwie das Beste daraus machen. „Also hat er die Ziele nicht erreicht?", hört sie sich fragen und denkt sofort, was für eine blöde Frage, warum sollte es wohl sonst keinen Bonus geben.

Peter unterbricht ihre Gedanken. „Er hat sich doch so bemüht, und ich habe ihn immer unterstützt. Er hat wirklich das ganze Jahr über hart gearbeitet, nur die Zahlen stimmen einfach nicht", setzt er sich engagiert für seinen Mitarbeiter ein. Doch Alexandra denkt nur ungeduldig: „Mein Gott, Peter, mit ‚er hat sich so bemüht' stellst Du ihm ja ein mieses Zeugnis aus." Doch laut fragt sie knapp: „Und warum stimmen die Zahlen nicht?"

„Das weiß ich nicht. Aber sind die Zahlen denn wirklich alles? Aber er war doch mit Leib und Seele dabei, hat alles gegeben und die Vorgaben bestimmt nur ganz knapp verpasst." Nach Peters zögerlicher und gleichzeitig hoffnungsvoller Antwort muss sich Alexandra sehr beherrschen. Ein wenig schnippisch sagt sie mit einem Achselzucken: „Knapp verpasst ist leider auch verpasst." Das war nun gar nicht das, was Peter sich erhofft hatte. Ein wenig verzweifelt bittet er mit hängenden Schultern: "Aber ich möchte so gerne etwas für ihn tun. Doch ich bin einfach ratlos, vielleicht könnte es ja diesmal eine Ausnahme geben? Kannst du nicht…"

Für Alexandra ist das zu viel. Genervt belehrt sie Peter: „Es ist für niemanden leicht, unbequeme Entscheidungen zu treffen. Doch für uns als Führungskräfte gehört das nun mal zum Job. Sprich mit ihm! Vielleicht schafft er es dann mit Deiner Unterstützung im nächsten Jahr." Peter senkt den Blick und sagt resigniert: „Ja, im nächsten Jahr …" Gut, dass er das einsieht, denkt Alexandra, wendet sich wieder ihrem iPhone zu, blickt dann aber noch einmal kurz auf, jedoch nur, um Peter mit den Worten: „Gut, dann sind wir uns ja einig, Du schaffst das schon" und einem leichten Klaps auf die Schulter auf dem Flur stehen zu lassen.

Wieder in ihrem Büro, leitet Alexandra die Anfrage, bei deren Lesen Peter sie unterbrochen hatte, sofort an ihren für das Vertriebsgebiet zuständigen Mitarbeiter weiter. Sie greift zu ihrem Notizblock, auf dem sie ihre Anmerkungen zu den Anforderungen des Vorstands zu ihrer Neukundenaktion notiert hat. Gedankenverloren geht sie die einzelnen Punkte durch.

Im Nachhinein beschäftigt sie das Gespräch mit Peter. Ihr ist klar, dass er sich jetzt ziemlich schlecht fühlt. Wahrscheinlich schüttet er gerade Martina, seiner Assistentin, sein Herz aus, und die Kunden bleiben für die nächste Stunde sich selbst überlassen. Mist, denkt Alexandra, in den Rollenspielen bei den PEK-Seminaren konnte sie mit Emotionen, ihren eigenen und denen ihrer Gesprächspartner, sicher umgehen. Im Training hat sie das Umschalten vom Autopiloten auf den Piloten perfekt beherrscht.

Doch im Gespräch mit Peter, das stellt Alexandra jetzt selbstkritisch fest, hat sie ihren Mitarbeiter im Autopiloten regelrecht überfahren. Peter hat Mitleid mit seinem Innendienstmitarbeiter und ist ihr deshalb im Balanceprogramm begegnet, mit „Wie soll ich bloß …", einer für Balance typischen Formulierung. Sie selbst dagegen war noch so in ihrem entschlossenen Dominanzprogramm aus dem Vorstandsmeeting, dass sie im Autopiloten dafür weder Sinn noch Blick hatte.

Reflexion

Gegensätze ziehen sich nicht immer an. Wenn unser Dominanzprogramm, unsere pragmatische, aktionsorientierte Seite auf einen Gesprächspartner trifft, der uns im Balanceprogramm, und somit eher sanftmütig und auf Harmonie bedacht begegnet, müssen wir uns bewusst um „Augenhöhe" im Piloten bemühen. Sonst verstärken die limbischen Reflexe beider Autopiloten sowohl die Selbstsicherheit aus dem Dominanzprogramm als auch die latent in Balance immer vorhandene Unsicherheit – besonders dann, wenn der dominante Beteiligte in der Hierarchie höher steht. Dann ist für die Beteiligten die „Machtfrage" unausgesprochen geklärt und die mit dem Balanceprogramm einhergehenden unbewussten Ängste vor Zurückweisung oder einem „sich unbeliebt machen" werden schnell zu einer bewussten, verhaltensbestimmenden Sorge.

Starkes, dominantes Auftreten verstärkt das Balanceprogramm beim Gegenüber. Natürlich wusste sie das, doch trotzdem war genau das in ihrem Gespräch mit Peter passiert. Peters Einleitung „Wie sage ich ..." war nichts anderes als die Umschreibung für „Ich brauche Deinen Rat." Alexandra ärgerte sich jetzt, dass ihr dies nicht sofort bewusst geworden war und sie mit ihrer formalen Frage „Also hat er die Ziele nicht erreicht?" dem Gespräch eine ganz andere, überhaupt nicht in ihrem Sinne liegende Richtung gegeben hat. Anstelle einer angemessenen Kommunikation einer schlechten Nachricht hatten sie eine sinnlose Diskussion über eine nicht gerechtfertigte Ausnahme von der Provisionsabrechnung. Dabei hatte Carl sie am Ende des Vorstandsmeetings ausdrücklich gelobt, wie gut sie Aktives Zuhören verinnerlicht hatte.

Ja, im Vorstandsmeeting war ihr Pilot hellwach. Doch als Peter sie ansprach, willigte sie gedankenlos in ein Gespräch ein, das sie besser auf später in ihrem Büro vertagt hätte. Die einfache Frage „Worum geht es?" hätte fast automatisch in diese Richtung gelenkt. Aber selbst im Gespräch hätte sie nach Peters Einleitung „Wie sage ich ..." die

Möglichkeit, mit einer einfachen Alternativfrage die Weichen für ein konstruktives Gespräch stellen können. Etwa: „Aha. Du willst einen Tipp, wie du es ihm sagst? Oder zweifelst du die Jahresauswertung an?" Nach diesen Gedanken ist Alexandra klar, dass sie mit Peter noch einmal reden muss. Dieses Gespräch kann nicht so stehen bleiben. Auch weil, nüchtern betrachtet, Peters Gesprächsvorbereitung schlicht nicht akzeptabel war. Wenn er nicht einmal weiß, woran die Zielerreichung gescheitert ist, darf er unmöglich eine Ausnahme verlangen. Nein, das Gespräch war in dieser Form reine Zeitverschwendung und durfte sich so nicht wiederholen. Sie würde das jetzt sofort mit Peter aufarbeiten.

Wenig später betritt Peter, immer noch ein wenig zerknirscht und immer noch im Balanceprogramm, Alexandras Büro. „Du wolltest mich sprechen?", beginnt er unsicher. „Wie geht es Dir mit unserem Gespräch?", kommt sie sofort zum Thema, doch durch die gefühlsbetont formulierte Frage erleichtert sie Peter den Einstieg ins Gespräch. „Nicht so gut", antwortet Peter nach einer kleinen Pause ehrlich. „Das habe ich befürchtet", sagt Alexandra verständnisvoll. „Was hältst Du davon, wenn wir den Faden von vorhin noch einmal aufnehmen?" – „Heißt das, Du siehst eine Möglichkeit, wie mein Mitarbeiter doch noch einen Bonus bekommt?" fragt Peter hoffnungsvoll. Alexandra beantwortet Peters Frage mit einer sachlichen Gegenfrage: „Hast Du die Jahresauswertung geprüft? Ist die in Ordnung?" – „Ja ... das ist sie", gibt Peter zögernd zu.

„Gut. Dann weißt Du im Moment noch nicht, wie Du es deinem Mitarbeiter erklärst, richtig?" Mit dieser als Frage formulierten Feststellung gibt Alexandra dem Gespräch sanft die Wendung in eine konstruktive, ergebnisorientierte Richtung. „Ja, das ist sehr schwer für mich, es tut mir wirklich sehr leid", antwortet Peter, erleichtert darüber, dass er mit seiner Chefin jetzt offen über sein Dilemma reden kann. Alexandra beginnt mit ihrer nächsten Frage sanft Peters Pilot zu aktivieren, ihn zum Nachdenken zu bringen: „Weißt Du, woran die Zielerreichung gescheitert ist?"

„Noch nicht so richtig. Ich muss mir das alles noch einmal in Ruhe anschauen", gibt Peter jetzt ehrlich und irgendwie erleichtert zu. Er ist jetzt offen für Alexandras Vorschlag, die Leistungszahlen gemeinsam durchzugehen: „Wenn Du weißt, woran es diesmal gelegen hat, wo

Defizite sind, dann geht Ihr das zusammen durch. Die Vergangenheit kann niemand ändern. Konzentriere Dich also auf das, was im neuen Geschäftsjahr besser werden muss. So hilfst Du ihm und Dir am meisten. Okay?" Alexandra hat hier ihr rationales zielfokussiertes Denken geschickt in Formulierungen verpackt, die das Balanceprogramm ansprechen. Mit Erfolg, wie Peters Antwort zeigt: „Ja, Du hast recht. Ich glaube, ich wollte mir das Ganze einfach nur nicht eingestehen. Ich nehme mir jetzt gleich die Umsatzübersicht und rede dann mit Timo." Alexandra nickt zufrieden. „Bereite Dich in aller Ruhe auf das Gespräch vor. Wenn Du dann noch Fragen hast oder einen Rat brauchst, dann melde Dich. Ich bin mir aber absolut sicher, dass Du das mit deinem Einfühlungsvermögen sehr gut lösen wirst. Du hast mein volles Vertrauen." Mit diesen aufmunternden Worten schließt Alexandra diesen Teil des Gesprächs ab.

Jetzt geht es Alexandra darum, den Grundstein für ein neues, auf Konstruktivität gerichtetes Paradigma für den Umgang mit Problemen zu legen. Als Vertriebsleiterin sieht Alexandra ihre Aufgabe nicht darin, die Probleme ihrer Mitarbeiter zu lösen. Sie sieht ihre Mitarbeiter in der Pflicht, sich zunächst selbst Gedanken darüber zu machen, wie das Problem entstanden ist, welche Lösungsvorschläge sie haben und welche Entscheidung oder Unterstützung sie von ihr als Chefin konkret erwarten. Peter hört Alexandra sehr aufmerksam zu, als sie ihm ihr „Paradigma für den Umgang mit Problemen" engagiert und durch Beispiele erläutert schildert. Als sie geendet hat, gibt er nachdenklich zu, dass diese Sicht für ihn neu, aber absolut logisch und nachvollziehbar sei. „Dein Vorschlag gefällt mir, vor allem leuchtet er mir ein. Ich werde das ab sofort selbst und mit meinem Team umsetzen. Doch es wäre sicher auch gut und wichtig, dieses Paradigma im nächsten Vertriebsmeeting zu diskutieren. Ich denke, das bringt uns alle einen großen Schritt weiter."

Jetzt ist aus dem missglückten Flurgespräch doch noch etwas geworden, aber warum ist das nicht gleich so gelaufen, fragt sich Alexandra nachdenklich, als Peter gegangen ist, und tippt gleich ein paar Notizen für das nächste Vertriebsmeeting in ihr iPhone. Als sie auf die Uhr schaut, stellt Alexandra überrascht fest, dass dieses zweite Gespräch mit Peter kaum länger als das erste, unbefriedigende vorhin auf dem Flur gedauert hat. Trotzdem wird es jetzt höchste Zeit, schließlich will ich Carl nicht warten lassen. Sie macht sich auf den Weg in die „Romana", eine gemütliche Pizzeria um die Ecke, in der sie sich immer freitags mit ihrem Mentor zu Pasta und Gedankenaustausch trifft. Oder, genauer: immer dann, wenn es ihre beiden engen Terminpläne zulassen.

Reflexion

Unsere Paradigmen, das heißt unsere Weltsicht, unsere Wertvorstellungen, Vorbilder und unsere Vorurteile wirken wie ein Filter, durch den wir die Umwelt betrachten. Was wir für gut oder schlecht, richtig oder falsch halten, wird weniger durch sachliche Analyse im Piloten als durch unsere Paradigmen bestimmt, die unseren Autopiloten im Laufe des Lebens geprägt haben. Denn Paradigmen wirken vor allem unbewusst und lösen Emotionen aus. So begünstigt das verbreitete „Ober sticht Unter" beim Chef „Dominanz" und beim Mitarbeiter, im vorauseilenden Gehorsam „Balance". Auch die Führungskultur jedes Unternehmens besteht aus Paradigmen, teils explizit formuliert, teils unausgesprochen vorhanden. Allgemein bekannte, akzeptierte und vor allem verinnerlichte Paradigmen sind wichtig für die Ausprägung einer klar erkennbaren, im Autopiloten gelebten Firmenkultur.

Als Alexandra eintrifft, sitzt Carl Boldinger schon auf ihrem freitags stillschweigend reservierten Stammplatz in der rechten hinteren Ecke des Lokals. Dort ist es ein wenig ruhiger, und wenn man aufschaut, hat man alles im Blick. Alexandra ist froh, dass sie sich mit Carl gleich über das „Paradigma für den Umgang mit Problemen" austauschen kann. Er hört ihr sehr interessiert zu und findet es immer wieder spannend, wie anschaulich Alexandra über Pilot und Autopilot und die damit verbundenen Emotionen, Motive und Bedürfnisse spricht. Ja, in puncto emotionaler Kompetenz hatte Carl viel von Alexandra gelernt.

„Heißt das, wenn Mitarbeiter in Zukunft ihre Probleme bei Dir einfach abladen wollen, dann erinnerst Du sie an dieses Paradigma und die damit verbundene Verpflichtung, Lösungsvorschläge zu machen?" fragt Carl, nachdem Alexandra ihren Ansatz kurz vorgestellt hat. „Im Normalfall schon", antwortete Alexandra vorsichtig. Wenn Carl so

fragt, dann wird es meistens knifflig. „Wäre es denn nicht denkbar",
setzt Carl fort, „dass ein Mitarbeiter aus Unsicherheit im Balanceprogramm heraus nur einfach mit Dir darüber reden will? Schließlich
ist geteiltes Leid schon halbes Leid, wie ein altes Sprichwort sagt. Wie
sind hier Deine Erfahrungen?" Alexandra schaut Carl bewundernd an.
Wieder einmal hatte Carl einen wesentlichen Aspekt mit einer Frage
geschickt auf den Punkt gebracht. Doch Alexandra hat noch ein Ass im
Ärmel. „Natürlich muss man einem Mitarbeiter, der nicht von selbst
aus Balance herauskommt, durch Fragen helfen. So, wie ich es mit
Peter ja gemacht habe. Durch Fragen, die das Anliegen ernst nehmen
und zum wirklichen Nachdenken anregen, bringt man fast jeden über
kurz oder lang in Richtung Pilot und damit hin zu bewusster Reflexion.
Wenn wir das konsequent durchhalten, wird der Autopilot so neu
programmiert."

Carl nickt bestätigend. „Deine Trainings zu PEK haben sich ja wirklich gelohnt", sagt er mit einem verschmitzten Lächeln. „Bisher haben
wir nur über Balance gesprochen. Das ist sicher das wahrscheinlichste
Programm, wenn es um Mitgefühl geht. Doch nicht immer liegen die
Dinge so klar auf der Hand. Als ich vorhin meine Assistentin Susanne
nach einem Protokoll fragte, stöhnte sie: ‚Das ist im Moment einfach zu
viel, das kann man unmöglich schaffen.‘ Mein erster Impuls war, ihr zu
sagen, sie solle doch einfach Prioritäten setzen, aber dank unserer vielen
Gespräche habe ich dann gefragt:

„Was haben Sie denn im Moment alles auf den Tisch? Gibt es
vielleicht Themen, die aus Ihrer Sicht nach hinten geschoben werden
können?" Sie fing an zu überlegen und versprach, mir heute Nachmittag einen Vorschlag zu machen und natürlich das Protokoll gleich
mitzubringen. „Du siehst, ich habe dein Paradigma bereits verinnerlicht, es gehört jetzt zu meinem Autopiloten", sagte Carl mit einem
gewinnenden Lächeln und ohne jede Spur von Ironie in seiner Stimme.
„Das heißt, Du bist sicher, dass Susanne nicht bloß einen Vorwand
gebraucht hat, um nicht von Dir für das fehlende Protokoll kritisiert zu
werden?", fragt Alexandra deshalb ganz sachlich.

Reflexion

Als Führungskraft kann es Ihnen immer wieder passieren, dass Mitarbeiter sich direkt an Sie wenden – ohne sich zuvor zu überlegen, worin ihr Problem besteht, oder sich darüber klar zu sein, was sie von Ihnen erwarten. Wenn ein Mitarbeiter aus dem Autopiloten heraus sein Problem, scheinbar, bei Ihnen „abladen" will, so will er vielleicht nur einmal über sein Problem mit Ihnen „reden", schließlich ist „geteiltes Leid halbes Leid". Sie könnten – aus Dominanz heraus – einwenden, dass Sie für ein solches „Einfach nur mal zuhören" kaum Zeit haben. Doch es lohnt sich, Ihren Mitarbeiter in seinem Autopiloten anzunehmen, zu akzeptieren und ihm mit gehirngerechten Fragen einen Weg hin zum Piloten zu bereiten.

„Mhm, das werde ich heute Nachmittag sehen", antwortet Carl nachdenklich. Nach einer kurzen Pause fragte er weiter: „Sag mal, wir haben bisher nur über Verhalten im Balanceprogramm gesprochen. Wie ist das nach Deiner Erfahrung mit Vorwänden in Dominanz, Stimulanz oder gut überlegt im Piloten?" Jetzt ist Alexandra bei einem ihrer Herzblutthemen, und lebhaft nimmt sie Carls Frage sofort auf. „Nehmen wir Susannes möglichen Vorwand als Beispiel. So würde in Dominanz niemand formulieren. Da hörst Du dann eher ein ‚Das geht jetzt nicht'." Carl protestiert sofort: „Na hör mal, das sollte Susanne sich mal erlauben."

„Was Dich betrifft, da hast Du natürlich Recht. Dir und Deiner Autorität klar dominant zu begegnen, das passiert wohl eher selten. Aber eine Aussage, die nach Balanceprogramm klingt, am Ende aber eher dominant ist, etwa mit ‚Das tut mir wirklich leid, aber das geht jetzt nicht', wäre schon denkbar", doziert Alexandra. Carl zieht leicht die Augenbrauen hoch und fragt sich, ob er es anderen nicht manchmal zu schwer macht, ihm offen die Meinung zu sagen. Doch laut ermuntert er Alexandra, weiterzumachen. „Okay, vielleicht. Aber erzähl weiter, das Thema interessiert mich."

„Gut, nehmen wir also dieses ‚das geht jetzt nicht' von heute. Da bieten sich verschiedene gehirngerechte Fragen an", fährt Alexandra engagiert fort. „Zum Beispiel ‚Wann geht es dann aus Ihrer Sicht?' oder ‚Was hat aus Ihrer Sicht jetzt eine höhere Priorität?' Aus den Antworten siehst Du schnell, ob es nicht doch nur ein Vorwand ist und gleichzeitig, wie stark die Dominanz wirklich ist", sagt Alexandra jetzt wieder mit einem verschmitzten Lächeln.

Reflexion

Die Zeit, Ihren Piloten – und den Ihres Gegenübers – einzuschalten, ist gut investiert. Alexandras Erfahrung ist dafür nur ein Beispiel. Der Berufsalltag ist voll von solchen „kleinen" Momenten mit – aus Sicht des Mitarbeiters – „großer" Auswirkung.

Damit kein falscher Eindruck entsteht: Nicht nur Unsicherheit im Balanceprogramm führt dazu, dass wir unsere Probleme unreflektiert und ohne Lösungsvorschlag bei anderen abladen wollen. Wir tun dies genauso gerne aus der Sorglosigkeit und Unbekümmertheit des Stimulanzprogramms heraus. Auch hier helfen gehirngerechte Fragen. Ein dominantes „Das ist doch viel zu umständlich!" können Sie dominant im Autopiloten mit „Fangen Sie doch erst mal an!" parieren und aushebeln. Oder Sie können diese Behauptung geschickt in konstruktive Bahnen lenken mit Aussagen wie: „Na, wie ich Sie kenne, fällt Ihnen doch eine Lösung dazu ein. Aber rein Interesse halber, was finden Sie denn so besonders umständlich?" Im Stimulanzprogramm wollen wir Anregung und Anerkennung. Stellen Sie Ihre Fragen so, dass sie Ideen hervorbringen – ein wenig Schmeicheln bringt Sie weiter als hartnäckiges Nachfragen in der Sache.

Carl nickt zustimmend und gibt zu verstehen, dass er gerne noch mehr hören will.

„Aus dem Stimulanzprogramm heraus klingt der gleiche Vorwand etwa so: ‚Mein Gott, im Moment ist wirklich der Teufel los. Jetzt kommt plötzlich alles auf einmal, das kann keiner schaffen', setzt Alexandra fort. „Auch bei dieser Formulierung hilft ‚auf den Sockel heben' und Nachfragen. Zum Beispiel: ‚Na, Sie sind doch nicht Keiner. Aber ernsthaft, was konkret hindert Sie denn daran, das Protokoll heute Nachmittag fertig zu bekommen?' Damit schmeichelst Du der Stimulanz, forcierst aber gleichzeitig entweder eine offene Antwort oder zumindest Nachdenken. Auf jeden Fall bekommst Du die Informationen, die Du brauchst, um zu entscheiden, wie Du weiter vorgehst."

Carl hört Alexandra immer noch aufmerksam und mit großem Interesse zu. Es erstaunt und freut ihn immer wieder, dass Alexandra in ihren jungen Jahren so eine profunde Menschenkenntnis entwickelt hat. Sie ersetzt lange Lebenserfahrung einfach durch eine gut trainierte, differenzierte Wahrnehmung und die Fähigkeit, mit der daraus gewonnenen Information situativ und individuell auf Menschen einzugehen. In vielen Fällen kommt sie damit weiter als er mit seinen über dreißig Jahren Berufserfahrung.

„Eine Frage habe ich noch", setzt Carl das Thema fort, „wenn ich Dich richtig verstehe, beschreiben die drei Verhaltensprogramme Dominanz, Balance und Stimulanz zusammen das Verhaltensspektrum im Autopiloten. Und das Prinzip besteht jetzt darin, die unterschiedlich formulierten Vorwände durch gehirngerechte Fragen, die wirkliches Nachdenken provozieren, zu versachlichen. Mit dem angenehmen Nebeneffekt, dass Du Dein Gegenüber geschickt von der Gefühls- in Richtung Sachebene bewegst, richtig?"

Treffender hätte ich es nicht sagen können, denkt Alexandra. „Du bringst es wieder einmal auf den Punkt", antwortet sie anerkennend. „Doch was machst Du, wenn ein Vorwand aus dem Piloten heraus vorgebracht wird? Dann bist Du doch schon auf der Sachebene, oder?" fragt Carl unbeirrt weiter. „Genau. Im Piloten hätte Susanne vielleicht formuliert: ‚Ich muss heute noch drei Angebote prüfen, Ihre Reise nach London organisieren und buchen, und Ihre Abrechnung muss auch heute in die Buchhaltung, es ist Buchungsschluss. Hat das Protokoll nicht Zeit bis morgen?'

Dann hast Du sachliche Informationen, kannst ihr konkrete Fragen stellen und danach entscheiden, wie es weitergehen soll." – „Klingt alles sehr plausibel und vor allem anschaulich und leicht zu merken", schließt Carl das Thema ab, denn es kommt gerade ihre Tomatensuppe. Carl liebt solche Exkurse in die praktische Psychologie. Doch er hat noch einige wichtige Themen, die er jetzt beim Essen mit Alexandra besprechen will.

2.2 „Sie leiten nächste Woche das Board-Meeting!"

Darum geht es in dieser Episode

Nachdem Sie ein erstes Verständnis von den Rollen Pilot und Autopilot für die Kommunikation gewonnen haben, geht es nun darum, Ihr Wissen dazu zu erweitern und Methoden und Werkzeuge bereitzustellen, mit denen Sie Ihren Piloten bei Bedarf „einschalten" können. Dabei wird der Bedeutungsgehalt des geflügelten Worts „Wer fragt, führt" noch deutlich erweitert: Sie erleben mit, wie Sie Fragen als Werkzeug in der Führungskommunikation sinnvoll einsetzen.

Alexandra ist gerade vom Mittagessen mit Carl zurück und will ihre inzwischen eingegangenen Mails checken, da klingelt das Telefon und Ingo, ihr Chef, bittet sie zu einem, wie er sagt, kurzen Gespräch. Als Alexandra sein Büro betrit, kommt Ingo gleich zum Thema. „Guten Tag, Alexandra, ich muss nächste Woche kurzfristig aus persönlichen Gründen Urlaub nehmen. Deshalb brauche ich für das monatliche Board-Meeting eine zuverlässige Vertretung. Hier habe ich an Sie gedacht. Sie scheinen mir mittlerweile dafür gerüstet zu sein, den Monatsbericht des Gesamtvertriebes im Vorstand zu präsentieren. Wenn Sie einverstanden sind, dann lassen Sie uns die einzelnen Punkte einmal durchgehen. Es sind diesmal zum Glück nicht sehr viele."

Alexandra ist total überrascht und im ersten Moment sogar erschrocken – darauf ist sie nun gar nicht vorbereitet. Wie soll das gehen? Sie war noch niemals im Board-Meeting, und nun soll sie auch gleich so einen wichtigen Part übernehmen. Spontan, aus einem ersten Impuls heraus, entgegnet sie Ingo, was ihr durch den Kopf schießt: „Ich weiß nicht, ich war noch nie im Board-Meeting, und ich bin darauf doch auch gar nicht vorbereitet."

Reflexion

Wer sich in einer Situation überrascht und überfordert fühlt, reagiert „normalerweise" auf den Alarm seiner Amygdala im Balanceprogramm. Das muss nicht nachteilig sein, denn dieses hilfesuchende Programm kann beim Gegenüber durchaus Hilfsbereitschaft aktivieren. Bei einem Gegen-

> über im Stimulanzprogramm oder wie hier im Piloten ist das sogar sehr wahrscheinlich, beim Dominanzprogramm eher weniger.
> **Wichtig:** Wer hilft, muss dazu nicht selbst ins Balanceprogramm kommen. Hier bleibt der Chef zum Beispiel im Piloten.

Ingo wirkt unbeeindruckt: „Das können Sie ja auch nicht, auch ich habe den Termin erst vor etwas mehr als einer Stunde erfahren. Er wurde ohne Angabe von Gründen drei Tage vorverlegt. Ich bin genauso überrascht wie Sie, Alexandra. Aber Sie müssen nicht sehr viel vorbereiten. Sie bekommen die kompletten Quartalszahlen am kommenden Montag direkt von meiner Assistentin, aufbereitet und mit allen Diagrammen und Tabellen. Falls sich seitens des Vorstands ein weiteres Thema ergeben sollte, erfahren Sie es von meiner Assistentin Stephanie auf jeden Fall rechtzeitig genug, um sich bis Mittwoch darauf vorzubereiten. Ich habe Stephanie entsprechend instruiert. Keine Sorge, Stephanie ist sehr erfahren und arbeitet absolut gründlich."

Ohne auf den Inhalt von Ingos ruhiger, sachlicher Ansprache zu achten, wendet Alexandra ein: „Aber ich bin doch erst ein paar Monate dabei, und die anderen Kollegen haben doch viel mehr Erfahrung und kennen das Unternehmen besser. So etwas habe ich auch noch nie gemacht." Ingo nickt verständnisvoll: „Das erste Mal ist natürlich ungewohnt, das kann ich gut verstehen. Doch seien Sie sicher – Sie bekommen alle Informationen, die Sie brauchen, von Stephanie. Sie macht das schon seit Jahren sehr zuverlässig und weiß genau, worauf es ankommt."

Offenbar kommt Alexandras Beunruhigung bei Ingo gar nicht an. Er bleibt ruhig und konzentriert: „Sie sind jetzt lange genug dabei, um zu wissen, wer in dem Meeting sitzt. Sie haben schon viele Meetings erlebt und selbst geleitet, Sie führen 21 Mitarbeiter und zwei Teamleiter. Das zeigt, dass Sie das können." Doch Alexandra hört kaum, was ihr Chef sagt. Sie ist immer noch sehr verunsichert, ein Gefühl, das ihr nur ganz allmählich bewusst wird. Mechanisch antwortet sie: „Aber die Quartalszahlen sind ein ganz heikles Thema. Was mache ich, wenn die Zahlen bei dem einen oder anderen nicht so gut ausgefallen sind?"

„Wo ist da das Problem?" fragt Ingo scheinbar ungerührt, doch deutlich schärfer als bisher zurück. „Es wäre mir wirklich sehr unangenehm, über so ein heikles Thema zu sprechen. Ich weiß ja auch gar nichts über die Hintergründe in den anderen Bereichen, und den kompletten Quartalsbericht habe ich auch noch nie gesehen …", hört sich Alexandra sagen. Dabei fragt sie sich, warum sie im Balanceprogramm auf Ingos unerwarteten Vorschlag reagiert und ihm etwas vorjammert.

> **Reflexion**
>
> Wenn die Hilfsbedürftigkeit im Balanceprogramm mit der gewährten Hilfe nichts anfangen kann und dadurch vielleicht wie hier sogar die Ziele des Helfenden gefährdet, dann ist es mit der Hilfsbereitschaft schnell vorbei. Besonders dann, wenn – wie in unserem Fall – das Dominanzprogramm aktiviert wird.

Doch ihre Gedanken werden von Ingo – jetzt mit markanter, mittlerweile Ungeduld verratender Stimme unterbrochen: „Ich habe Ihnen hier den letzten Quartalsbericht mitgebracht. Dazu gibt es zwei kritische Punkte: Unsere Personaldecke erscheint dem Vorstand zu hoch, und es gibt einige offene Projekte. Unter anderem die Einführung von CRM. Ich bitte Sie, hier einen aussagekräftigen Bericht zu geben. CRM ist ja Ihr Thema und zu den anderen Projekten informiert Sie Stephanie. Die Aufbereitung der Quartalszahlen ist selbsterklärend und die aktuellen haben Sie wie gesagt am Montag. Im Übrigen müssen Sie die Hintergründe auch nicht im Detail parat haben. Wenn es Fragen gibt, die Sie mit Stephanies Input nicht beantworten können, dann nehmen Sie die auf. Da Sie das erste Mal dabei sind, wird man mit Nachfragen, so es denn welche geben sollte, im Zweifel später direkt auf mich zukommen."

> **Reflexion**
>
> Sich selbst Fragen zu stellen, die zum wirklichen Nachdenken anregen, ist ein probates Mittel, um limbische Verzweiflung im Balanceprogramm gezielt in Problemanalyse im Piloten zu überführen. Eine typische Frage wie „Warum musste das ausgerechnet jetzt passieren?" zwingt nicht zum Nachdenken, sondern verstärkt die Verzweiflung im Balanceprogramm!

Zielführender ist dagegen: „Welche Möglichkeiten habe ich jetzt?" So wird Nachdenken und damit Ihr Pilot angeregt.

Alexandra kann immer noch nicht nüchtern denken, merkt aber, dass sie an dieser Stelle nicht weiter insistieren kann, ohne das Gesicht zu verlieren und vor allem, ohne ihren Chef weiter zu reizen. Sie versucht, sich zu sammeln und überlegt: Wie komme ich jetzt schnell aus meiner Unsicherheit in Balance heraus? Vor allem: Wieso reagiere ich so, woher kommt mein Unbehagen, was macht mich so unsicher? Liegt es daran, dass ich zu Carl, dem Vorstandsvorsitzenden, einen guten persönlichen Draht habe? Dass er sich trotz meiner geringen Berufserfahrung für mich als Leiterin einer von fünf Vertriebssparten eingesetzt hat? Dass er sich seitdem persönlich als Mentor um mich kümmert und immer ein offenes Ohr hat, zumindest dann, wenn es sein enger Terminplan erlaubt? Habe ich etwa Angst, Carl zu enttäuschen?

Doch Ingo unterbricht Ihre Gedanken. „Ich denke, Sie haben nun die Informationen, die Sie brauchen. Wenn es dazu keine Fragen mehr gibt, müssen wir jetzt noch über die Urlaubsplanung sprechen." – „Oh, ja." Wieder ist Alexandra überrascht. Sie war gerade dabei, wieder klare Gedanken zu fassen und ihren Kampfgeist zu beleben. Wieso kommt Ingo jetzt auf die Urlaubsplanung? Das ist doch gar nicht sein Thema … Laut sagt sie: „Urlaubsplanung?" – „Ja, die Urlaubsplanung. Alexandra, es waren zwei Ihrer Mitarbeiter bei mir und haben sich beklagt, dass jetzt im April die Urlaubsplanung für den Sommer noch nicht steht. Bitte regeln Sie das!"

Alexandra ist wie vor den Kopf gestoßen. Sie ist selbst schon genervt von diesem leidigen Thema. Wie immer wollen alle, die keine Kinder haben, im September in den Urlaub gehen. Der August ist kein Thema, da ist es auch bei den Kunden eher ruhig. Doch im September gibt es zahlreiche Messen, und die Kunden werden wieder aktiv. „Ja, gut, Ingo, ich kümmere mich darum. Es gab wichtigere Themen als die Urlaubsplanung, daher steht noch nicht alles fest." Jetzt wird ihr Chef heute zum ersten Mal spürbar energisch: „Offenbar sind einige Ihrer Mitarbeiter unzufrieden darüber, dass sie ihren Sommerurlaub nicht planen können. Dieses Theater gab es schon bei Ihrem Vorgänger. Ich bin es jetzt endgültig leid. Regeln Sie das bitte ein für alle Mal. Ich möchte nicht mehr darauf angesprochen werden."

Alexandra wird bei ihrem Versuch, wieder Boden unter die Füße zu bekommen, kalt erwischt. Was soll sie jetzt entgegnen? Sie hat das Thema Urlaubsplanung zugegebenermaßen vernachlässigt. Ein leidiges Thema wie im Kindergarten. Die Leute waren nicht fähig, sich untereinander zu einigen. Für sie gab es einfach andere Prioritäten, und in der Hoffnung, dass die Urlaubsplanung sich doch irgendwie von selbst regelt, hatte sie das Thema ignoriert. Und jetzt fiel es ihr auf die Füße, weil zwei Kleingeister sich beim Chef-Chef beschwert hatten. Wie gemein! Laut sagt sie entschuldigend: „Es tut mir leid, dass Sie damit konfrontiert wurden. Ich habe viel auf dem Tisch, wie Sie wissen. Ist das Thema denn wirklich so wichtig?", und dieser erwidert: „Unzufriedene Mitarbeiter haben immer Vorrang. Alexandra, Sie dürfen Themen nicht so lange schleifen lassen, bis Ihre Mitarbeiter unzufrieden sind. Kümmern Sie sich also darum."

Reflexion

Wieder sehen wir die Abwärtsspirale: Überraschung, Überforderung, hilflose Rechtfertigung im Balanceprogramm. Wenn, wie hier, das Gegenüber dominant darauf reagiert, dreht sich diese Abwärtsspirale weiter. Wie wir hier sehen, wird dieser Effekt noch durch Selbstmitleid in Balance verstärkt.

Alexandra schwankt zwischen nochmaligem Entschuldigen und Aufbegehren. Sie fühlt sich wie eine dumme Schülerin, die ihre Hausaufgaben in einem Nebenfach nicht gemacht hat. Und auf der anderen Seite soll sie dann einfach so ins Board-Meeting. Im Hauptfach ist sie also gut. Doch das zählt offenbar nicht. Das ist ungerecht! Am Ende hört sich Alexandra etwas kleinlaut sagen: „Sicher, ich werde mich darum kümmern. Doch ich habe auch nur begrenzte Kapazitäten, und jeder jammert mir die Ohren voll, dass er genau dann und dann Urlaub braucht. Ich hatte so gehofft, dass mein Team das selbst lösen würde." Ingo reagiert wenig erfreut: „Sie haben vor vier Wochen ein Führungsseminar in St. Gallen besucht, Sie müssen doch gelernt haben, wie man mit diesen Situationen umgeht."

Alexandra spürt diesen deutlichen Nadelstich und bevor sie sich besinnen kann, hofft sie weiter auf Verständnis: „Jeder reagiert beleidigt. Sogar die beiden Teamleiter, Peter und Meike, sind sich in dieser Hinsicht nicht einig." Kaum hatte sie das gesagt, war Alexandra klar, dass sie dabei war, sich um Kopf und Kragen zu reden. Sie hatte schon wieder einen Fehler begangen. Wie konnte sie sich hinreißen lassen, vor Ingo zu jammern! In diesem Moment würde sie am liebsten im Boden versinken. Fast mechanisch versucht sie, noch das Beste aus dieser Situation zu machen, indem sie so ruhig und sicher wie möglich sagt: „Selbstverständlich werde ich das umgehend regeln, Ingo." Sie wirkt immer noch ein bisschen eingeschüchtert. „Ich werde anregen, dass die einzelnen Vertriebsteams sich selbst organisieren und das untereinander ausmachen." Ingo antwortet kühl und mit einem Kopfschütteln: „Das funktioniert nicht. Sie müssen auf die Leute eingehen. Geben Sie Ihnen eine Planungshilfe an die Hand, vielleicht eine Excel-Tabelle, in der die kritischen Zeiten markiert sind. In der Personalabteilung gibt es da wohl etwas."

> **Reflexion**
>
> Im Balanceprogramm, insbesondere wenn wir stark verunsichert und schuldbewusst sind wie hier Alexandra, suchen wir Harmonie und vor allem Sicherheit in unserem Umfeld. Deshalb ist ein ermutigender und versöhnlicher Zuspruch wichtig, um dem Mitarbeiter zu helfen, nach vorne zu schauen. Ist dieses Grundbedürfnis des Balanceprogramms befriedigt, wird der Weg frei für den Autopiloten in Stimulanz oder gar Dominanz.

Alexandra fühlt sich leer und würde am liebsten einfach nach Hause gehen. Als sie nun so verlegen vor ihm sitzt, wird Ingo bewusst, dass seine Mitarbeiterin nun etwas Zuspruch braucht: „Alexandra, wirklich. Machen Sie sich das Leben doch einfacher. Sie haben zwei Teamleiter, die Sie für solche Dinge einspannen können. Sie haben doch in der kurzen Zeit schon so viel erreicht. So kenne ich Sie gar nicht. Sie sind eine gute Führungskraft. Sie haben das Thema unterschätzt. Und

jetzt bringen Sie das wieder in Ordnung. Okay?" Diese aufmunternden
Worte tun ihre Wirkung. Alexandra beruhigt sich, sie zeigt sogar ein
kleines Lächeln, als sie sagt: „Danke, Ingo. Sie haben Recht. Nach
Ihrem Urlaub ist dieses Thema gelöst. "

Doch auf dem Weg in ihr Büro hat Alexandra an dem Gespräch
mit ihrem Chef zu knabbern: „Mann, habe ich mich blöd angestellt",
geht es ihr durch den Kopf, „wie stehe ich jetzt bloß da? Das Board-
Meeting zu leiten ist doch eine große Chance und zeigt, dass Ingo mir
etwas zutraut. Was denkt er jetzt bloß von mir? Vor allem wird er jetzt
ganz genau hinterfragen, wie das Meeting gelaufen ist. Was war bloß
mit mir los? Wo war meine Professionalität, was hat mich nur so in den
unsicheren, harmoniebedürftigen Autopiloten getrieben?"

„Ich brauche Luft", sagt Alexandra zu sich selbst und statt ins Büro
geht sie in den kleinen Park, der ihr Bürohaus vom nächsten trennt. Die
andere Umgebung und die Bewegung beleben ihre Gedanken. Schon
im Treppenhaus wird ihr klar, was gerade mit ihr los war. Warum sie
in diesem Gespräch mit Ingo nicht so selbstbewusst war, wie sie es von
sich verlangt. Es wird ihr wieder einmal deutlich, wie stark das eigene
Verhalten von unserer unbewussten Interpretation einer Situation
abhängt.

Ingos Anliegen hatte sie vollkommen überrascht. Deshalb hatte ihr
Autopilot spontan keine Grundlage für das Dominanzprogramm: „Ich
weiß, was ich will und was ich dafür tun muss." Auch ihr Stimulanzprogramm wurde nicht aktiviert, etwa durch die Perspektive: „Toll,
dass er mir so vertraut, das kriege ich schon hin, kommt Zeit, kommt
Rat." Nein, sie hatte in Balance reagiert, in dem Verhaltensprogramm,
bei dem verstärkt die Risiken wahrgenommen und weniger die
Chancen erkannt werden. Dabei weiß sie doch, dass die Quartalszahlen
in fast allen Unternehmensbereichen unter Plan liegen. Und natürlich weiß sie auch, dass ihr erstes Quartal im Vergleich sehr gut ausgefallen war. Doch im Gespräch mit Ingo war ihr dieses Wissen nicht
bewusst geworden. Sie hatte nicht über Ingos Ansinnen nachgedacht,
deshalb wurde sie sich nicht selbst-„bewusst", was eine gute Basis für
Dominanz ist, sondern reagierte auf den Alarm ihrer Amygdala, typisch
für Balance, mit der Sorge vor den Reaktionen der anderen. Schließlich
fühlte sie sich nach einem halben Jahr noch „neu" im Unternehmen

und war sich unsicher über ihre Position in der „Hackordnung" mit den anderen Vertriebsleitern. Während ihr diese Gedanken durch den Kopf gehen, wird sie allmählich ruhiger. Mit Abstand betrachtet, hatte sie in ihrer Überraschung „normal" reagiert, und Ingo als lebenserfahrener Manager wird das gar nicht so dramatisch sehen, da ist sich Alexandra jetzt sicher. Er kennt sie schließlich und weiß, was er von ihr erwarten kann.

Reflexion

Wer sich die für die Situation richtigen Fragen stellt und überzeugende Antworten findet, kann sich bei sich selbst Dominanz „borgen". So hat es schon William Marston (1928) formuliert, als er schilderte, wie seine Mutter ihm auf diese Weise als Schüler „Dominanz borgte", um sich besser behaupten zu können.

Doch „normal" ist nicht Alexandras Anspruch. Denn sie weiß genau, wie sie so ein plötzlich aufsteigendes Gefühl großer Unsicherheit beherrschen kann: bewusst den eigenen Autopiloten „ausschalten" und den Piloten „ans Steuer lassen", zum Beispiel mit den ihr gut vertrauten Fragetechniken aus dem Aktiven Zuhören. Ingo hat ihr doch erklären wollen, worauf es ihm ankommt und wie sie sich am besten vorbereitet. Doch ihr unsicherer Autopilot hat verhindert, dass sie überhaupt zuhört.

Als sie wieder im Büro ist, greift sie entschlossen zum Telefon. Sie kann dieses Gespräch mit ihrem Chef nicht so stehen lassen. „Hallo, Alexandra, was gibt es?", meldet sich Ingo. „Danke, dass Sie mir dieses Review beim Vorstand schon zutrauen. Sie haben mich vorhin so überrascht, da habe ich glatt vergessen, mich zu bedanken", sagt Alexandra locker und scheinbar ganz spontan. Dabei hat sie sich jedes Wort genau überlegt. Sie weiß genau, wie sie dieses Gespräch führen will. „Sie müssen sich nicht bedanken. Mir ist wichtig, dass Sie dafür sorgen, dass der Vorstand gut informiert wird und Sie ihm die Sicherheit vermitteln, dass wir alles im Griff haben." Hier macht Ingo eine kleine Pause und fährt dann fort: „Als Sie vorhin gegangen sind, da hatte ich in dieser

Hinsicht Zweifel", sagt er offen und direkt. „Die müssen Sie nicht haben", antwortet Alexandra selbstbewusst.

„Nach meinem jetzigen Kenntnisstand sind die Zahlen meiner Mannschaft in Ordnung. Das ist wohl der Hauptgrund, warum Sie mir Ihre Vertretung im Board-Meeting anvertrauen." – „Richtig", bestätigt Ingo. „Sie sind gut dabei. Sie haben als einzige Ihr Ziel deutlich übererfüllt. Es ist also legitim, dass Sie mich vertreten." Zwar hatte Alexandra ein gutes Gefühl, was die Zahlen betraf, war aber sichtlich stolz, als sie vernahm, dass die Ergebnisse ihres Bereichs auch im zweiten Quartal gut waren und ihre intensive Arbeit mit ihrem Team so schnell Früchte trug. „CRM!" schrieb sie auf ihrem Block. Das im Moment benutzte System für Customer-Relationship-Management war veraltet und genügte in keiner Weise modernen Ansprüchen. Vor allem war es sehr lückenhaft, und viele Datensätze fehlten oder waren veraltet. Darüber darf diese positive Zwischenbilanz nicht hinwegtäuschen. Sie will ihre Mitarbeiter auf das neue System einschwören, das gerade vorbereitet wird. Doch bewusst konzentriert sie ihre Gedanken jetzt wieder auf das Telefonat mit ihrem Chef Ingo: „Wenn ich Sie richtig verstehe, sind nicht alle Quartalsergebnisse im Plan. Was erwartet der Vorstand hier konkret von mir?", fragt sie und spürt ihre gewohnte Selbstsicherheit.

„Sie präsentieren alle Zahlen, auch die Ihrer Kollegen, nüchtern und sachlich. Die Zuarbeit von Stephanie enthält für jeden Vertriebsbereich sowohl den Ausblick auf das nächste Quartal und die nach heutigem Stand erwarteten Jahresergebnisse. Alle Ihre Kollegen haben mir jeweils versichert, dass bei ihnen der Ausblick positiv ist und sie das geplante Jahresergebnis zumindest annähernd erreichen werden. Sollten Sie den Unterlagen am Montag wider Erwarten etwas anderes entnehmen, dann rufen Sie mich sofort mobil an und wir besprechen die Situation. Doch im Moment gehe ich davon aus, dass unser Vertriebsergebnis insgesamt im Soll liegt, was nicht zuletzt auch an Ihren guten Zahlen liegt."

„Gut, das habe ich verstanden", fasst Alexandra zusammen. „Wie verhalte ich mich bei Fragen zu meinem, wie bei Fragen zu den anderen Bereichen?" – „Sie beantworten alle Fragen, die Sie beantworten können. Was die anderen Bereiche betrifft, so vermeiden Sie unbedingt jeden Erklärungsversuch oder gar eine Rechtfertigung. Wenn der Vorstand Sie auffordert, bei den anderen Vertriebslinien ins Detail zu gehen", fährt Ingo fort, „dann verweisen Sie auf die Vorstandsvorlage, die wir eine Woche nach meinem Urlaub vorlegen werden", und fügt erklärend hinzu: „Die Einladungen zu den entsprechenden Meetings sowie die persönlichen To-Do-Listen schickt Stephanie morgen per Mail raus." Nach einer kleinen Pause ergänzt Ingo: „Bei diesen Meetings zähle ich auf Sie, Alexandra. Wir brauchen konkrete Aktionen, damit die nächsten Quartale deutlich besser werden. Das gilt für alle Bereiche, Sie sind im Moment Primus inter Pares. Nicht mehr, aber auch nicht weniger."

Reflexion

„Wer fragt, führt" heißt es oft. Doch Fragen, die uns die Führung im Gespräch sichern, entstehen durch gute Vorbereitung und Nachdenken. Die meisten spontanen Fragen wie „Warum musste das denn ausgerechnet mir passieren?" oder „Woher soll ich das denn wissen?" kommen ohne Nachdenken direkt aus dem verunsicherten Autopiloten. Ein kurzer Moment des Nachdenkens und eine Frage, die zum Nachdenken anregt, ja vielleicht sogar zwingt, kann schon ausreichen, um uns aus der eigenen Unsicherheit in Balance in die Problemklärung im Piloten zu führen. Auch im Piloten sind wir unsicher, doch diese Unsicherheit treibt uns weder zum Rückzug noch macht sie uns handlungsunfähig. Wir hinterfragen das, was uns unsicher macht! Und wer anderen Fragen stellt und sie zum Nachdenken bringt, bewegt auch den Gefragten in Richtung Pilot. Gerade aus dem Balanceprogramm heraus ist das Stellen von Fragen eine wirksame Technik, um der eigenen Unsicherheit zu begegnen.

In unserem Beispiel ist dank Alexandras Fragetechnik aus dem unbefriedigenden Gespräch zwischen Dominanz und Balance ein Dialog geworden, der Alexandra über ihren Piloten in die Dominanz geführt hat. Ingo will verhindern, dass ich abhebe, denkt sich Alexandra und fragt knapp: „Verstanden, gibt es noch etwas, das ich für das Board-Meeting wissen oder beachten muss?" – „Wir haben alles Wesentliche besprochen. Hören Sie aufmerksam zu und berichten Sie mir dann. Und, Alexandra, kümmern Sie sich um die Urlaubsplanung, das meine ich ganz ernst. Als Expertin für emotional wirksame Kommunikation sollte Ihnen beides gelingen." So, wie Ingo den letzten Satz sagt, klingt das eher nach ironischer Spitze als nach Vertrauensbeweis. Doch davon lässt sich Alexandra jetzt nicht mehr verunsichern. „Ja", antwortet sie ehrlich und ohne jede Spur von Anbiederung, „das waren wertvolle Trainings. Danke, dass Sie mir das ermöglicht haben." Auch Ingo wird wieder ganz sachlich: „Sie müssen mir nicht danken. Zeigen Sie, dass sich der Aufwand gelohnt hat. Sie haben genügend Zeit, um sich vorzubereiten. Wenn Sie noch Fragen haben, rufen Sie mich mobil an oder schicken mir eine Mail. Okay?" – „Natürlich, das mache ich", antwortet Alexandra und wünscht ihrem Chef einen erholsamen Urlaub.

„Das lief gut", denkt Alexandra lächelnd und mit sich selbst wieder im Reinen. Spät ist es geworden, stellt sie fest, als sie auf ihre Uhr schaut. „Doch nicht zu spät", sagt sie zu sich selbst. Und mit „Ich habe mir eine Belohnung verdient" beginnt sie, ihren PC herunterzufahren. „Die Aurora-Boutique in der Schillerstraße hat noch eine Stunde auf, und eine neue Handtasche ist für das Board-Meeting auch wichtig …", sagt sich Alexandra und verlässt gut gelaunt ihr Büro.

2.3   „Sie übernehmen die Vorbereitung des Kickoff-Meetings"

Darum geht es in dieser Episode

Meetings zu kritischen, konfliktträchtigen Themen sollten unbedingt gründlich im Piloten vorbereitet werden. Was das bedeutet, wird hier am Beispiel CRM – Customer-Relationship-Management, ein Reizthema, speziell für viele Verkäufer im Außendienst – ausführlich beleuchtet. Dazu gehört auch das Delegieren von Aufgaben und Verantwortung. Wer das im Autopiloten als reines Sachthema angeht, erntet fast immer Widerstände der anderen beteiligten Autopiloten.

Deshalb geht es hier darum, wie man einen besseren Zugang zu Mitarbeitern findet, indem man im Piloten versteht, und dann gezielt ihre Autopiloten anspricht.

Alexandra hat durch den bevorstehenden Besuch der Niederlassung in den USA noch eine Menge zu tun. Die Möglichkeit, sich und ihr Vertriebskonzept in Übersee vorzustellen, hat sich ganz spontan ergeben, da der für Nordamerika zuständige Vertriebschef, Mike Norris, mit seiner deutschen Kollegin gern persönlich über zwei große Ausschreibungen sprechen will. Alexandra freut sich sehr über diese Bitte, denn auch ihr ist der direkte persönliche Kontakt sehr wichtig. Webmeetings sind zwar unbestritten eine Möglichkeit, Reisezeit und Kosten zu sparen, aber gute Zusammenarbeit braucht belastbare Beziehungen und gegenseitiges Vertrauen. Beides muss sich entwickeln, und oft sind es die kleinen Dinge – der Smalltalk beim Frühstück oder das Glas Wein abends an der Hotelbar, die verbinden. Alle unsere Erinnerungen sind mit Emotionen verknüpft, und auch die modernste Konferenztechnik filtert den „weichen" Bereich der Gefühlsebene, die Ansprache von Stimulanz und Balance weitgehend heraus, was gegenseitiges Verständnis und Vertrauensaufbau erschwert. Dies gilt in der großen Politik und genauso im Geschäftsleben und hier ganz besonders im Vertrieb.

Doch jetzt muss Alexandra erst einmal ihre Abwesenheit vorbereiten, in erster Linie die Termine umorganisieren, die in die Zeit ihrer Abwesenheit fallen. Einige davon kann sie einfach absagen oder verschieben. Vor allem muss das Kickoff-Meeting der gesamten Vertriebsmannschaft gut vorbereitet werden. Ihre erste große Bewährungsprobe soll auf jeden Fall ein voller Erfolg werden.

Es geht darum, den Vertrieb auf die neue Strategie einzuschwören und dazu den Kollegen das neue CRM-System „schmackhaft zu machen", damit die Frontleute das System auch wirklich nutzen und in dem neuen System mehr sehen als den Aufwand, den sie dadurch haben werden. Vor allem geht es Alexandra darum, die Vorbehalte auszuräumen, die scheinbar jeder Außendienst gegen die „Gängelung" durch solche Systeme hat. Im „Flurfunk" ist das neue CRM jedenfalls Thema Nummer eins.

Reflexion

Customer-Relationship-Management (CRM) ist der Transfer von Kundenwissen aus den Köpfen der Mitarbeiter in eine Datenbank, wo es dem Unternehmen personenunabhängig verfügbar wird. Natürlich ist das ein tiefer Eingriff in das Kräfteverhältnis zwischen Vertrieb und Unternehmen. Denn traditionell „besitzen" in vielen Unternehmen die Vertriebsmitarbeiter die Kunden – oder genauer: den Großteil des Wissens über sie. Vor allem in diesem Beziehungswissen liegt der Wert der

> Vertriebsmitarbeiter für das Unternehmen – und damit zugleich deren Verhandlungsmacht gegen ihren Arbeitgeber. Es ist also normal, dass sie nicht mit spontaner Begeisterung reagieren, wenn man plötzlich von ihnen verlangt, diesen kostbaren Schatz ohne Gegenleistung in ein CRM-System „einzupflegen".

Corinna Schubert scheint ihr für die Vorbereitung des Kickoff-Meetings genau die Richtige zu sein. Sie hat in letzter Zeit einen guten Job gemacht, hat ein gutes Auftreten und das Potenzial, aus der zweiten Reihe in die erste vorzurücken. Ja, Corinna soll die Veranstaltung vorbereiten. Alexandra bittet sie telefonisch gleich zu sich.

Kaum sitzen beide am Besprechungstisch, kommt Alexandra schon zum Thema: „Corinna, wie Sie vielleicht schon wissen, bin ich nächste Woche in unserer amerikanischen Zentrale in Chicago. Ich reise am Sonntagabend ab und bin dann die ganze Woche über in den USA. Ich freue mich sehr, dass ich endlich die Chance habe, den dortigen Vertriebschef zu treffen.

Corinna freut sich ehrlich für ihre Chefin. „Das ist ja super, was für eine Ehre! Sie werden das bestimmt toll hinkriegen, da bin ich sicher. Oh Mann, eine Woche in den USA, das würde mir auch gefallen. Hoffentlich haben Sie auch Zeit für ein bisschen Sightseeing …"

Reflexion

Vorgesetzte, die es eilig haben und genau zu wissen glauben, was sie wollen, agieren nicht selten dominant, ohne sich dessen bewusst zu sein – eben im Autopiloten. In Dominanz legen wir keinen Wert auf Atmosphäre und kommen in der Regel sofort auf das Thema. Doch bei Gesprächspartnern, die uns in Stimulanz oder Balance begegnen, wird das Gespräch dadurch unnötig erschwert. Der fehlende Smalltalk wird im Stimulanzprogramm nicht selten als fehlende Wertschätzung interpretiert und kann je nach Gesprächssituation zu Desinteresse oder, wenn beim anderen dadurch Dominanz provoziert wird, zu offenem Widerstand führen. Ein Gegenüber im Balanceprogramm wird durch die fehlende Gesprächsatmosphäre entweder eingeschüchtert oder zieht sich zurück und beginnt, passiven Widerstand zu leisten. Der dominante Autopilot reagiert auf solche Gesprächsverläufe mit Unverständnis, was die Kommunikation nur weiter erschwert.

„Nun, das werde ich sehen", geht Alexandra nicht auf die Begeisterung ihrer Mitarbeiterin ein. „Bis Sonntag habe ich für die anstehenden Präsentationen und Meetings noch einiges zu tun und muss daher die Vorbereitung unseres Kickoffs an Sie abtreten, daher wollte …" Weiter kommt sie nicht, denn Corinna fällt ihr ins Wort: „Kickoff abtreten? Das ist doch Ihr Thema. Ich kenne die neue Strategie schließlich nur in Ansätzen. Und dann noch das neue CRM, wie soll das den Leuten verkauft werden? Schließlich ist die Stimmung schon jetzt kritisch, obwohl noch gar nichts Konkretes bekannt ist. Warum verschieben Sie das Kickoff nicht um zwei Wochen nach hinten?" – „Auf keinen Fall", wehrt Alexandra ab, „nein, das geht auf keinen Fall. Gerade weil so viel geredet wird, ist es wichtig, dass wir Klarheit schaffen. Und: Sie sollen das Kickoff vorbereiten, nicht allein durchführen", versucht Alexandra, Corinna zu beruhigen und ergänzt: „Peter, ein erfahrener Mitarbeiter des Außendiensts, wird Sie bei der Ausgestaltung der Agenda unterstützen. Und ich bin zwei Tage vor dem Meeting wieder zurück, dann gehen wir alles durch und ich leite natürlich das Kickoff."

Als sich Corinna sichtlich entspannt hat, fährt Alexandra fort: „Ein besonderes Anliegen habe ich dennoch an Sie. Sie arbeiten doch mit Holger aus der IT an der Kurzeinführung für das CRM-Tool, richtig?" Mit dieser Frage kehrt die Anspannung in Corinnas Gesicht sofort zurück, doch Alexandra lässt sich nicht beirren: „Daher sind Sie doch geradezu prädestiniert, den Außendienst zu briefen, so etwa 20 min, mit der Beantwortung von Fragen, vielleicht 30. Sie haben sich diese Chance durch Ihren tollen Einsatz redlich verdient." Mit diesem Lob schließt Alexandra ihre Bitte ab. Doch Corinna reagiert fast panisch: „Das sehe ich nicht so! Das wird nicht funktionieren. Bei diesem Reizthema muss schon die Chefin ran. Sonst gibt es noch mehr Diskussionen. Ich habe ja gar nicht die Autorität. Und außerdem ist die Zeit viel zu knapp, um diese Einführung zusammen mit Holger vorzubereiten. Wir haben alle genug zu tun im Moment." Alexandra antwortet, vom so nicht erwarteten Widerstand leicht genervt: „Niemand kann das CRM-Tool besser erklären als Sie beide. Sie arbeiten schließlich auch schon am längsten damit. Sie bereiten mit Holger die Einführung vor und erklären die zukünftigen Vorteile. Lassen Sie die Leute ruhig ihre Fragen stellen. Sie kennen das System gut, Sie können beide die passenden Antworten geben, Sie aus Vertriebssicht, Holger aus technischer Sicht." Doch Corinna lässt sich nicht beruhigen. Im Gegenteil, sie reagiert hitzig: „Nein, das geht so nicht! Ich sehe nicht ein, dass ich mich dem Kreuzfeuer der Vertriebsleute aussetzen soll. Da wird schon die ganze Zeit gemeckert. Das ist nicht in Ordnung, das mache ich nicht mit."

Reflexion

Argumente überzeugen nicht, zumindest nicht solche Gesprächspartner, die diese Argumente im Autopiloten aufnehmen. Sind sie emotional nicht willkommen, werden selbst die besten Argumente spontan abgelehnt. Die inhaltlich passenden, gehirngerechten Fragen hingegen machen den Gesprächspartner schnell zum Zuhörer im Piloten und öffnen ihn für unsere Argumente.

Alexandra wird erst jetzt bewusst, dass sie im Autopiloten geradewegs auf dem Weg in eine Sackgasse ist. Sie muss jetzt das Steuer herumreißen, bevor es zu spät ist. „Also, was ist hier schiefgelaufen?" fragt sie sich, und lehnt sich zu einer mit „okay" avisierten Denkpause zurück. Sie resümiert, dass sie beide ausschließlich argumentiert haben. Sie selbst dafür, dass es richtig und sinnvoll ist, dass Corinna die Einführung macht. Corinna hingegen findet, dass dies eben nicht sinnvoll ist, wegen der durch die Einführung des neuen CRM-Tools schon sehr angespannten Stimmung. „Wir stehen uns jetzt dominant gegenüber, wenn ich so weitermache, bleibt mir nur die ‚Chefin-Karte' oder ich muss nachgeben", sagt sie sich. Ihr ist klar, dass sie in beiden Fällen nichts gewinnen kann und setzt deshalb mit versöhnlicher Stimme fort: „Liebe Corinna, kann es sein, dass wir gerade aneinander vorbeireden?" – „Wieso?", fragt diese nur knapp zurück. „Nun, wenn ich es richtig sehe, dann haben Sie gerade den Eindruck, ich wolle Ihnen die Last aufbürden, das ‚Warum' des neuen CRM zu erklären, oder?"– „Ist dieser Eindruck denn so falsch?", antwortet Corinna wieder mit einer Gegenfrage. „Absolut" antwortet Alexandra ruhig und ohne zu zögern.

„Corinna, Sie sind die Beste, was den Umgang mit der CRM-Software angeht. Gerade erst gestern haben Sie mir gezeigt, wie einfach es jetzt ist, die Kontakte zu einem Kunden in eine Übersicht zu bringen und Informationen aus den verschiedenen Vertriebsaktivitäten zusammenzustellen. Wenn Sie dies beim Kickoff genauso darstellen, dann hat die neue Lösung ein Gesicht, ihre Vorteile werden greifbar. Ich bin sehr froh, dass Sie sich so gut mit der neuen Software vertraut gemacht haben, denn wenn Sie anschaulich zeigen, wie intuitiv das CRM bedienbar ist und welche Möglichkeiten es bietet, dann machen Sie es mir sehr leicht, zu erklären, warum wir ein neues CRM brauchen." Corinna hatte Alexandra aufmerksam zugehört und war jetzt ein wenig verlegen und zugleich erfreut. Verlegen, weil sie ihrer Chefin unterstellt hatte, diese wolle sie zum Blitzableiter machen. Erfreut, weil Alexandra so eine positive Meinung von ihr hat und ihr so viel zutraut.

Laut sagt sie aus dem geweckten Stimulanzprogramm heraus: „Danke Alexandra, das ist wirklich schön, dass Sie mich so loben. Und ich verstehe jetzt, was Sie von mir erwarten. Dennoch habe ich noch ein paar Bauchschmerzen, es wird doch schon so viel gemeckert, und ich habe auch noch nicht auf alles eine Antwort …" Alexandra ist froh, dass ihr Gespräch jetzt die Wendung genommen hat, die sie von Anfang an im Sinn hatte. Und auch ihr ist klar, dass Corinna für diese Mission noch Unterstützung braucht. „Sie haben vielleicht noch nicht alle Antworten, liebe Corinna, aber Sie wissen, worauf es ankommt und können die richtigen Fragen stellen! Setzen Sie sich doch bitte mit Holger Gutermann zusammen. Er kennt die Software ganz genau und war als IT-Spezialist dabei, als die Software ausgewählt wurde. Er kann alle Ihre Fragen beantworten und hat auch die ausführliche Dokumentation. Wenn Sie beide sich zusammensetzen, dann entwickeln Sie eine überzeugende Präsentation, da bin ich mir absolut sicher."

Reflexion

Alexandra hat Corinnas im Balanceprogramm entstandenen und geäußerten Bedenken ernst genommen und mit emotional passenden Formulierungen sachlich zerstreut. Das hat für Corinna den Weg zu einem optimistischen, tatendurstigen Stimulanzprogramm gebahnt.

Auch Corinna hatte ihre Selbstsicherheit zurückgewonnen, das sah man ihr an. Und als Alexandra noch „Und Corinna, stellen Sie Ihr Licht nicht unter den Scheffel, Sie wissen doch, wie wichtig dieses erste Kick-off für mich ist. Ich halte sehr viel von Ihnen" anfügt, ist diese endlich genau dort, wo Alexandra sie – wohl zu selbstverständlich – erwartet hatte. „Es tut gut, das zu hören", sagt Corinna leichthin und überspielt ihre Verlegenheit bei so viel Lob. „Holger ist wirklich ein Profi, mit ihm stelle ich eine Präsentation zusammen, die auch dem letzten klar macht, wie toll das neue System wird. Kann ich denn für Sie nicht noch etwas vorbereiten? Sie könnten doch dann aus meiner Vorstellung des CRM quasi als Resümee aufzeigen, warum wir das jetzt einführen, oder?" – „Genau so habe ich mir das vorgestellt", sagt Alexandra jetzt zufrieden lächelnd. „Für dieses CRM gibt es drei Hauptgründe", erklärt sie Corinna: „An erster Stelle steht die unverzichtbare Transparenz bezüglich Umsatz- und Ertragspotenzial jedes einzelnen Kunden, aufgeschlüsselt auf unser gesamtes Angebotsspektrum. Wenn wir das mit unserem traditionell guten Beziehungsmanagement verbinden, eröffnet das uns allen und jedem Einzelnen im Vertrieb eine völlig neue Dimension von Erfolg …" – „Absolut", unterbricht Corinna begeistert, „man kann ganz leicht alle erdenklichen Berichte erstellen und weiß dann mit wenigen Klicks alles über die Kunden. Dadurch kann auch der Innendienst viel unabhängiger und effizienter arbeiten. Es ist wirklich erstaunlich, wie gläsern alles wird", schwärmt Corinna. „Damit haben Sie dann schon die beiden anderen Hauptgründe genannt", zwinkert ihr jetzt Alexandra zu. Doch Corinna stutzt. „Okay, das mit dem Innendienst ist ein Riesenschritt. Aber das ist doch nur der zweite Grund. Wo ist der dritte?" – „Sie sagten ganz richtig, dass alles gläsern wird", antwortet Alexandra, „der Kunde, die Arbeit des Innendienstes und …?" Hier macht sie eine fragende Pause, die Corinna allerdings schnell füllt: „… die Arbeit des Außendiensts!"

> **Reflexion**
>
> Corinna versteht jetzt alle Zusammenhänge und weiß, worum es geht und was zu tun ist. Das erklärt ihre Wechsel der aktiven Verhaltensprogramme von Stimulanz in Dominanz.

Es dauert ein wenig, bis Corinna die ganze Tragweite ihrer letzten Aussage erfasst. Die ganze Unruhe im Vertrieb, die schier endlose Diskussion des Außendiensts um das neue CRM – hier geht es gar nicht so sehr um die Kompliziertheit einer neuen Technik und auch nicht um die angebliche Mehrarbeit durch die erforderliche Dateneingabe und die elektronischen Besuchsberichte. Vielmehr treibt die Vertriebsmitarbeiter wohl die Sorge, kontrollierbar zu sein und an Autonomie zu verlieren.

„Wenn ich das richtig sehe, ist mein Part, die Möglichkeiten des CRM-Systems zu erläutern, wie zum Beispiel die gemeinsame Sicht von Innen- und Außendienst auf Umsatz, Deckungsbeitrag und Auftragsbestand jedes Kunden oder die Umsatzverteilung auf Stammkunden und Neukunden. Das ist quasi nur der erste Schritt. Der harmlose Einstieg in das Kickoff sozusagen?", fragt Corinna jetzt auch ganz direkt. „Absolut. Jetzt haben wir des Pudels Kern erfasst", bestätigt Alexandra. „Im ersten Teil Ihrer Präsentation zeigen Sie diese und weitere unstrittige Vorteile des neuen Systems sowie seine unkomplizierte, intuitive Bedienbarkeit auf. Danach übernehme ich die Moderation und wir sprechen darüber, dass und wie die Vorteile dieser neuen Möglichkeiten den scheinbaren Mehraufwand bei weitem überwiegen." Hier nickt Corinna mit einem schon fast verschwörerischen Lächeln und ergänzt: „Und dann geht es ans Eingemachte, die möglichen Abfragen und Berichte, etwa zu Aufwand und Ertrag, durchschnittlichen Kundenbesuchen, durchschnittlichen Aufträgen pro Monat oder zum Auftrags-Besuchs-Verhältnis."

Reflexion

„Der Mensch wächst mit seinen Aufgaben", heißt es oft leichthin, doch gemeint ist: „Komm, stell Dich nicht so an, Du wirst das schon irgendwie hinkriegen." Mit Delegieren oder Verantwortung übertragen hat das aus unserer Sicht wenig zu tun. Allerdings, wenn es einer Führungskraft gelingt, dass ein Mitarbeiter die Notwendigkeit einer Aufgabe und die Überzeugung, diese bewältigen zu können, verinnerlicht, dann bestärkt oder weckt sie die dominante Einstellung des Mitarbeiters zu dieser Aufgabe. Ein solcher Mitarbeiter „weiß" worum es geht und was dafür zu tun ist.

Alexandra ist jetzt froh, dass sie sich für Corinna entschieden hat. Ja, ihr Kickoff ist in den besten Händen. „Sie bringen es auf den Punkt, liebe Corinna. Im zweiten Teil Ihrer Präsentation geht es darum, die wichtigsten Möglichkeiten zu Produktivitätsanalyse und Umsatzkontrolle, die das neue CRM bietet, ausführlich vorzustellen. Danach übernehme ich wieder das Meeting. Meine Aufgabe ist es dann, die Außendienstmannschaft mit ins Boot zu holen. Sie bleiben in der Rolle der Expertin für das neue System. So können wir uns ergänzen und uns gegenseitig die Bälle zuspielen. Am Ende des Meetings muss jedem Einzelnen klar sein, dass weder er selbst noch wir als Unternehmen im immer intensiveren Wettbewerb mit den Werkzeugen und Methoden von gestern erfolgreich sein können."

Reflexion

Argumente sind gegen Vorwände wirkungslos: Wie das Wort sagt – sie treffen die „Vorwand", nicht die eigentliche „Wand". Das wussten die Festungsbauer schon vor einigen tausend Jahren. Wer eine Burg stürmen wollte, musste erst die verschiedenen Vorwände überwinden. Heute sollen Vorwände kommunikative Festungen schützen. Gegen Vorwände helfen nur wohl überlegte, präzise Fragen, die neben der Sachlage stets der emotionalen Gefühlslage Rechnung tragen.

Corinna hört ihrer Chefin schon fast bewundernd zu. Doch sie spürt, dass dieses Kickoff auch für Alexandra eine große Herausforderung ist. Und für sie selbst natürlich eine große Chance, sich zu beweisen. „Kann ich denn nicht noch mehr vorbereiten als die technischen Hintergründe?" fragt sie deshalb. Alexandra muss nicht lange überlegen. Spontan entscheidet sie sich dafür, das Angenehme, ihre eigene Entlastung, mit dem Nützlichen, der Forderung und Förderung von Corinna, zu verbinden. Sie nimmt ein Buch aus dem Regal hinter ihrem Schreibtisch und reicht es Corinna. Diese liest den Titel laut vor: Überzeugen 4.0. „Das ist das Praxisbuch zu einer Seminarreihe, die ich besucht habe", erklärt Alexandra. „Dort gibt es ein ganzes Kapitel zum Thema Vorwandbehandlung. Bei diesem Kickoff wird wohl kaum jemand offen sagen, dass ihm die zukünftige Transparenz nicht behagt, dass er seine Kunden wie einen persönlichen Erbhof betrachtet oder dass seine persönliche Performance durch das System transparent wird. Stattdessen werden wir Vorwände zu hören bekommen. Sie würden mir sehr helfen, wenn Sie im Vorfeld schon einmal die wichtigsten zusammentragen und dazu jeweils geeignete Fragen zusammenstellen, die es ermöglichen, einen Vorwand als solchen zu demaskieren und aufzulösen."

Corinna ist hocherfreut und stolz, als sie im Buch blättert und die zahlreichen Anmerkungen und Notizen ihrer Chefin entdeckt. Sie wertet diese Aufgabe zu Recht als großen Vertrauensbeweis. Als sie im Kapitel „Einwände und Vorwände differenziert behandeln" blättert, hat Corinna doch noch eine spontane Frage: „dass Vorwände mit Emotionen zu tun haben, leuchtet mir ein. Doch hier steht etwas von ‚Verhaltensprogrammen des Autopiloten', was hat es denn damit auf sich?" Alexandra nickt zufrieden, „Das ist eine sehr gute Frage. Ich schlage vor, Sie lesen die Einleitung und das erste Kapitel. Danach wissen Sie das Wichtigste über die drei Programme des Autopiloten, die unser situatives Verhalten prägen und auch starken Einfluss auf unsere Motive, Ängste und Bedürfnisse haben. Wenn Sie nach dem Lesen noch Fragen haben, dann setzen wir uns dazu noch einmal zusammen, vielleicht in der Mittagspause. Ist das in Ordnung für Sie?" – „Na klar, absolut", antwortet Corinna eifrig, „die Kapitel sind ja auch gar nicht so lang, und wenn ich sehe, wie viele Bemerkungen Sie selbst eingetragen haben, dann ist es bestimmt auch für mich interessant, mehr als zwei Kapitel zu lesen." – „Das ist es ganz bestimmt", entgegnet Alexandra, die mit diesem Gespräch mit ihrer Mitarbeiterin wirklich sehr zufrieden ist. Nach dem Kickoff, an dessen Erfolg nicht zuletzt dank einer guten Vorbereitung durch Corinna für sie jetzt keine Zweifel mehr bestehen, wird sie mit ihr über einen persönlichen Entwicklungsplan reden. Doch jetzt, wo sie ihre größte Baustelle, die Vorbereitung des Kick-off-Meetings, in guten Händen weiß, muss sie sich erst einmal mit der Vorbereitung ihres Besuchs in der USA-Niederlassung beschäftigen. Sie verabschiedet sich von Corinna, die voller Tatendrang Alexandras Büro verlässt.

2.4   Warum Argumente allein nicht überzeugen

Darum geht es in dieser Episode

Einwänden und vor allem Vorwänden, den vorgetäuschten Einwänden, ist mit Argumenten kaum beizukommen. Wer nicht unserer Meinung ist, lässt sich nicht überreden, so sehr wir uns anstrengen und immer neue Argumente bringen. Gehirngerecht Fragen und aktives Zuhören helfen, den eigentlichen Hintergrund von Vorwänden oder das Ziel eines Einwandes zu klären.

Erst wenn wir verstanden haben, was unser Gegenüber wirklich bewegt, können wir so argumentieren, dass auch wir verstanden werden. In unserem Beispiel lässt sich der Außendienst so für CRM gewinnen.

Alexandras USA-Reise war ein voller Erfolg. Mike Norris, der Vertriebsleiter für Nordamerika, ist ein charismatischer, aus deutscher Sicht manchmal ein wenig hemdsärmelig wirkender Manager. Alexandra hatte zu Mike schnell einen guten Draht gefunden. Zum Beispiel hatten sie beide schnell das gleiche Verständnis, wie ihr Unternehmen am besten auf die beiden aktuellen weltweiten Ausschreibungen eingeht. Ja, Alexandra hatte ein gutes Gefühl, wenn sie an die zukünftige Zusammenarbeit mit den Amerikanern dachte. Diese positive Energie nahm sie jetzt mit in ihr Tagesgeschäft. Noch aus dem Taxi vom Flughafen rief sie Corinna an, denn bis zum Vertriebs-Kickoff blieben nicht viel mehr als 48 h.

Natürlich hatte Corinna ihre Chefin per Mail und in zwei Telefonaten auf dem Laufenden gehalten. So wusste Alexandra schon, dass Corinna mit Holger Schubert aus der IT eine wirklich aussagefähige und dabei sehr übersichtliche Präsentation der Möglichkeiten und Funktionalitäten des neuen CRM-Systems entwickelt hatte. Die Präsentation vermittelte unausgesprochen die Botschaft: „Es ist kinderleicht, dieses CRM-System zu bedienen." Das Highlight würde eine Live-Demo des Systems sein, an der Holger noch arbeitete. Ihren Teil der Show hat Corinna also bestens im Griff, freut sich Alexandra.

Auch mit dem Flurfunk und dem zu erwartenden Widerstand, insbesondere der Mitarbeiter des Außendiensts gegen das neue System, hat sich Corinna intensiv beschäftigt. Im Wesentlichen hat sich dabei das bestätigt, was Alexandra bereits wusste: Durch die Preisgabe der kritischen Informationen zu ihren Kunden befürchten die Mitarbeiter im Außendienst, für das Unternehmen weniger wichtig und damit leichter ersetzbar zu werden. Natürlich würde es niemand so offen sagen. Und auch Alexandra ist klar, dass sie diesen Punkt unmöglich in dieser Deutlichkeit ansprechen kann. Das würde wie eine Drohung klingen und die Fronten verhärten. Außerdem würde sich der Betriebsrat zu Recht einschalten, mit der Folge, dass die Einführung der neuen Software wahrscheinlich auf Eis gelegt und auf unbestimmte Zeit verschoben würde.

Was also tun? Corinna hatte einen auf die CRM-Einführung spezialisierten Unternehmensberater aufgetan, der verspricht, dass sich durch ein befristetes, zusätzliches Anreizsystem der Widerstand des Außendiensts sanft kompensieren ließe. Doch guter Rat ist auch in diesem Fall nicht billig, wie Alexandra dem durch Corinna eingeholten Angebot des Beraters entnehmen konnte. Trotzdem hat sie es an ihren Chef Ingo weitergeleitet, über den es schließlich zu Carl Boldinger gelangt ist. Dieser war offensichtlich nicht sonderlich von einer solchen Aktion überzeugt. Trotzdem ist es Corinna gelungen, das erfährt Alexandra jetzt am Telefon, heute um 10.30 Uhr, zwischen zwei Vorstandsterminen, ein halbstündiges Gespräch zwischen Carl, Ingo und Alexandra zu diesem Angebot zu organisieren. Der Tag geht gut los, dachte sich Alexandra und versuchte, die Müdigkeit des Nachtflugs abzuschütteln.

Im Büro wird sie schon von Corinna erwartet. Ihnen bleiben jetzt noch vierzig Minuten, um das Meeting mit Carl und ihrem Chef vorzubereiten. Ihre Assistentin hat ganze Arbeit geleistet, freute sich Alexandra. Neben dem Angebot des Unternehmensberaters, das sie schon kennt, hat Corinna die verlangten Vorwände zusammengestellt, mit denen sie auf dem Kickoff durch den Außendienst wohl konfrontiert werden würden. Die Liste ist erstaunlicherweise sehr übersichtlich:

1. Das System ist zu schwer zu bedienen.
2. Die Datenpflege kostet zu viel Zeit.
3. Die ganzen Berichte bringen nur mehr Bürokratie, aber nicht mehr Umsatz.

Ganze drei Argumente. Und nach Corinnas Präsentation mit Holgers Live-Demo würden wohl nur noch die beiden letzten ernsthaft vorgebracht werden. Hier stimmt Alexandra ihrer Assistentin sofort zu. Trotzdem hatte Corinna auch für den ersten Punkt Fragen notiert, mit denen der Vorwand schnell zu entkräften war, beziehungsweise als solcher entlarvt werden konnte. Die Aufstellung von Vorwänden und geeigneten Fragen hat Alexandra zwar schon per Mail erhalten, doch sie gehen trotzdem die Frageliste noch einmal gemeinsam kurz durch:

Zu 1.:

- „Welche Elemente des Systems sind für Sie besonders schwer zu bedienen?"
  - „Bei welcher Gelegenheit haben Sie diese Erfahrung gemacht?"
  - „Wie könnte man nach Ihrer Erfahrung die Bedienung vereinfachen?"

Zu 2.:

- „Wie hoch schätzen Sie den Aufwand für das Anlegen Ihrer Kunden?"
  - „Wie viel Zeit brauchen Sie für das Einpflegen eines Besuchsberichts?"
  - „Woran messen Sie das Zuviel an Zeit?"

Zu 3.:

- „Welche Erklärung haben Sie für Ihre Vermutung?"
  - „Wir haben soeben exemplarisch drei Berichte diskutiert. Welcher davon ist aus Ihrer Sicht das beste Beispiel für Ihre Aussage?"
  - „Wenn Sie die eben diskutierte Abfrage zu den Cross-Selling-Chancen nehmen, worin liegt aus Ihrer Sicht hier die Bürokratie?"

Reflexion

In Vorbereitung auf ein kritisches Thema sammelt Alexandra nicht Argumente zur Entkräftung von Einwänden und Vorwänden, sondern Fragen, die helfen, diese zu verstehen und zu klären.

Argumentieren löst eine schwierige Situation nicht, sondern verhärtet sie. Auch hier gilt: Wer fragt, führt!

„Sehr gute Arbeit", lobt Alexandra, „es ist sehr wichtig, dass wir über diese Vorwände auf dem Kickoff sprechen. Niemand soll sagen können, seine Bedenken seien nicht gehört und ernsthaft diskutiert worden. Sonst wird der Flurfunk nicht verstummen. Denn das System kann noch so einfach bedienbar sein, wenn genügend viele Mitarbeiter übereinstimmend das Gegenteil behaupten, dann ist diese Stimmung kaum zu beherrschen. Auch in diesem Fall gilt: Recht haben und Recht bekommen ist zweierlei. Jetzt lassen Sie uns vor dem Meeting mit Carl und Ingo auch noch einmal Ihre Liste mit Vorteilen des CRM für den Vertrieb durchgehen", bittet Alexandra. Corinna nimmt einen Ausdruck der von ihr zusammengestellten Liste aus ihrer Mappe. Die Überschrift ist geschickt gewählt: „Nutzen von CRM für den Außen- und Innendienst". Darunter ist dann eine ganze Reihe von Punkten aufgeführt:

Steigerung der persönlichen Produktivität durch

- Planung und Vorbereitung der Vertriebstermine auf Knopfdruck
- Delegation von Folgeaufgaben über das System
- Lückenlose Verfolgung von Kundenkontakten und Interaktionen
- Schnelle, fehlerarme und einheitliche Angebotserstellung und -kalkulation
- Verfolgung von Geschäftschancen und Angeboten
- Ganzheitliche Sicht auf die Kundenbedürfnisse – Cross-Selling
- Kundenpotenzialanalyse

- Forecast auf Knopfdruck
- Mobile Verfügbarkeit der CRM-Daten (via Notebook, Tablet und Smartphone)

„Prima" nickt Alexandra, „ich denke, ich bin gut gerüstet für unser Dreiermeeting. Das Angebot des Unternehmensberaters zur Einführung eines Anreizsystems kennen die anderen ja schon. Wenn ich zurück bin, weiß ich sicher mehr, und wir sprechen den Ablauf unseres Kickoffs und die Aufgabenteilung noch einmal durch." Mit diesen Worten verabschiedet sie sich zu ihrem Meeting.

Auf dem Weg zu Carls Büro trifft Alexandra ihren Chef Ingo. Der begrüßt sie gleich mit der Frage: „Kommt Ihre Idee mit dem Anreizsystem nicht ein paar Monate zu spät?" – „Heißt das, Sie finden diese Idee brauchbar?" fragt Alexandra zurück. „Nun, Menschen im Allgemeinen und Mitarbeiter im Außendienst im Besonderen sind bestechlich", meint Ingo leicht verschmitzt, „warum soll das nicht funktionieren?" Er setzt jedoch stirnrunzelnd fort: „Doch bis so etwas bei uns durch ist, durch Vorstand und Betriebsrat, das dauert mindestens ein Vierteljahr. Damit hätten Sie eher kommen müssen. In den zwei Tagen, die jetzt noch bleiben, werden wir, so fürchte ich, nicht einmal mehr eine entsprechende Absichtserklärung für das Kickoff durchbekommen."

Mit Ingos letzten Worten erreichen sie Carls Büro. Dessen Assistentin winkt die beiden Besucher gleich durchs Vorzimmer durch. Carl begrüßt beide mit ernster Miene und kommt ohne Umschweife zur Sache: „Übermorgen haben wir unser jährliches Kickoff für den gesamten Vertrieb, Außen- und Innendienst. Der Termin ist seit einem Jahr bekannt. Genauso lange ist bekannt, dass der Vorstand und der Betriebsrat auf Vorschlag der Vertriebsleitung", hierbei schaut er mit ernsten Augen auf Ingo und Alexandra, „beschlossen haben, ein modernes, einheitliches CRM für den gesamten Vertrieb einzuführen. Nach meinem Kenntnisstand ist die technische Umsetzung praktisch abgeschlossen. Was aussteht, ist die Praxiseinführung, verbunden mit einer ausführlichen Schulung und Einweisung aller Mitarbeiter des Vertriebs. Das Kickoff soll genutzt werden, um die Mannschaft darauf einzustimmen und alle mit ins Boot zu holen. Hat sich hieran etwas geändert?"

Nachdem Carl geendet hat, herrscht für einen Moment Schweigen. Alexandra schaut auf Ingo und der auf Alexandra. „Nein", ist schließlich Ingos schlichte Antwort. „Aha ... und warum bekomme ich dann vor zwei Tagen das Angebot eines Unternehmensberaters auf den Tisch, der behauptet, mit einem von ihm entwickelten und vielfach erprobten Anreizsystem ließen sich alle Schwierigkeiten und Widerstände bei der Einführung von CRM problemlos überwinden?"

Reflexion

Alexandras USA-Reise mit sehr vielen neuen Eindrücken und Erfolgserlebnissen ließ das bevorstehende Kickoff emotional weniger kritisch erscheinen. So hatte sie auf das von Corinna eingeholte Angebot ohne großes Nachdenken im Autopiloten reagiert.

Während Carl das sagt, wird Alexandra ganz anders. Sie kann nur jedem einzelnen seiner Worte zustimmen – und damit ist klar, dass es ein großer Fehler war, das Angebot einfach an Ingo weiterzuleiten. Natürlich war sie in Zeitnot, natürlich wollte sie ihren Aufenthalt in den USA intensiv nutzen, um in Zukunft mehr internationales Geschäft zu gewinnen. Trotzdem, es wäre besser gewesen, sie hätte Ingo Kuttler einfach angerufen und nach seiner Meinung gefragt. Aber nicht als mögliche Option für das Kickoff, sondern als Plan B für den Fall, dass die Stimmung zum CRM trotz aller bereits abgestimmten und auf den Weg gebrachten Maßnahmen wider Erwarten nicht besser wird. Auf keinen Fall hätte Carl mit dieser unausgegorenen Idee konfrontiert werden dürfen. Doch dafür ist es jetzt zu spät.

Ingo ergreift das Wort: „Ich wollte Alexandra unterstützen, die zum ersten Mal so ein Kickoff organisiert und auch noch nie eine CRM-Einführung begleitet hat. Aus meiner Sicht könnte aus dem Angebot eine Art Plan B werden, für den Fall, dass der Widerstand gegen CRM sich nicht zeitnah überwinden lässt. Allerdings muss ich zugeben, das habe ich in meiner Mail an Sie so nicht ausgedrückt." – „In der Tat, das hast Du nicht", antwortet Carl trocken und wendet sich an Alexandra: „Haben wir Dir mit dem Kickoff und dem CRM für den Anfang zu viel zugemutet? Fühlst Du Dich überfordert?" und setzt, ohne eine Antwort abzuwarten, fort: „Das würde zumindest erklären, warum es zu diesem offensichtlich nicht zu Ende gedachten Schnellschuss kam. Was meinen Sie?"

Jetzt könnte Alexandra in den Boden versinken. Jetzt nur nicht die Nerven verlieren, spricht sie sich selbst Mut zu. Du hast die Vorwände analysiert, Du weißt, wie Du darauf eingehen kannst, Du kennst die wahre Ursache für die Missstimmung und den Widerstand im Vertrieb und Du kannst eindeutig belegen, welche Vorteile gerade für die Arbeit des Vertriebs das neue CRM mit sich bringt.

Reflexion

Alexandra führt sich selbst vor Augen, dass sie zwar einen unbedachten Fehler gemacht hat, doch dass sie immer noch genau weiß, was sie will und was sie dafür tun muss. Sie denkt sich bewusst im Piloten in ihre Dominanz zurück.

Laut sagt sie: „Mit der Weiterleitung dieses Angebots habe ich vorschnell gehandelt. Das tut mir leid und ist mir eine Lehre. Doch mit meinen Aufgaben bin ich keinesfalls überfordert." Und dann erklärt sie ihrem Chef und Carl, was sie noch alles für das Kickoff vorbereitet hat, wie sie sich den Verlauf vorstellt und warum sie fest daran glaubt, den Vertrieb als Ganzes überzeugen zu können. „Okay, das klingt plausibel. Wir haben alle noch viel zu tun, gehen wir also an die Arbeit", beendet Carl das Meeting.

Im Hinausgehen ruft er Ingo zurück: „Ingo, ich habe noch ein anderes Thema, es dauert nur fünf Minuten." Nachdem Alexandra das Büro verlassen hat, wendet sich Carl eindringlich an Ingo: „Wenn Sie solche Hilfeschreie per Mail bekommen, dann würde ich es begrüßen, wenn Sie sofort zum Telefon greifen und herausfinden, was es damit auf sich hat. Fordern muss mit fördern einhergehen, sonst passiert es schnell, dass wir unsere High Potentials verheizen. Was meinen Sie, Ingo?" – „Keine andere Meinung, Chef. Ich werde nachher noch einmal mit Alexandra das Kickoff im Einzelnen durchgehen. Vielleicht kann ich ihr ja noch den einen oder anderen Rat geben." – „Gut, dann sind wir uns einig. Dann also bis morgen zum Kickoff. Ich habe jetzt wieder ein gutes Gefühl." Und damit ist auch für Ingo das Meeting zu Ende. Natürlich ist auch Ingo froh, dass er selbst, aber auch seine Mitarbeiterin Alexandra, noch einigermaßen unbeschadet aus dieser Sache herausgekommen sind.

Inzwischen ist Alexandra wieder in ihrem Büro und muss erst einmal tief durchatmen. Zum Glück hat sie keine Zeit zum Grübeln. Und was zu tun ist, hat sie bereits im Vorstandsbüro sehr klar und sehr strukturiert gesagt. Als Corinna eintrifft, machen sich beide sofort an die Arbeit. Im ersten Schritt gehen sie Corinnas Präsentation durch, die zeigen soll, wie einfach und intuitiv die Oberfläche der CRM-Software zu bedienen ist. Zu Alexandras Freude hat Corinna auch organisiert, dass Holger einen kurzen Ausschnitt seiner Live-Demo über das Intranet zeigt. Alexandra ist mehr als zufrieden mit dem, was sie hört und sieht. Ja, Corinna wird eine professionelle Show bieten. Danach wird es kaum glaubwürdig sein, zu behaupten, das CRM-Tool sei schwer zu bedienen. Auch auf die anderen beiden Vorwände ist Alexandra dank Corinnas exzellenter Vorarbeit gut vorbereitet.

Am Ende der Diskussion wird, im ungünstigsten Fall unausgesprochen, im Raum stehen, dass die Mitarbeiter des Außendiensts das neue System ablehnen, weil sie um ihre Macht und ihren Status im Unternehmen fürchten. Noch weiß Alexandra nicht genau, wie sie mit dieser durchaus nachvollziehbaren Sorge der Kollegen umgehen wird. Doch sie hat schon eine ungefähre Idee. Aus dem Studium weiß sie, dass Menschen, auch wenn sie erstmal ihrem Unmut Luft machen, durchaus bereit sind, mittel- oder gar langfristige Nachteile in Kauf zu nehmen, um kurzfristige Vorteile nicht zu verlieren. Hier will Alexandra ansetzen, um mit einer eindrucksvollen Präsentation der Vorteile, die sofort mit der Einführung des Systems greifen, den Widerstand in ein nur noch leichtes Grummeln zu verwandeln, das schon nach kurzer Zeit im Tagesgeschäft abebben würde. Corinna hatte ihrer Chefin aufmerksam, ja fast schon mit Bewunderung zugehört. Ja, so waren sich beide nach fast drei Stunden intensiver Arbeit und Diskussion einig, so kann es funktionieren. Einer breit akzeptierten, erfolgreichen CRM-Einführung sollte nach dem Kickoff nichts mehr im Wege stehen.

Reflexion

Auch wenn das Meeting mit Ingo und Alexandra vieles relativiert hat – Carl will mehr, er will Klarheit. Sein dominanter Autopilot aus dem Meeting ist deshalb jetzt am Telefon seinem Piloten gewichen. Im Pilot sammeln wir Informationen und bewerten diese.

Während beide noch in ihrer Begeisterung schwelgten, klingelt Alexandras Telefon. Carl ist am Apparat. Er hat zwei Stunden Autofahrt vor sich und dank Chauffeur kann er in Ruhe telefonieren. Nach dem Auftritt von Alexandra und ihrem Chef heute Morgen will er nicht einfach zur Tagesordnung übergehen. Trotz aller Beteuerungen will er sich jetzt selbst davon überzeugen, dass das Kickoff so vorbereitet ist bzw. noch wird, dass es die notwendigen Impulse für das neue Geschäftsjahr setzt. Er hört Alexandra sehr aufmerksam zu, während diese ihm ausführlich erläutert, wie das Kickoff ablaufen soll, was sie für die einzelnen Beiträge vorbereitet hat und wie sie schließlich den Außendienst für das Projekt gewinnen will. Für Alexandra ein wenig ungewohnt hinterfragt Carl nahezu jeden einzelnen Aspekt der von ihr mittlerweile bis ins Detail geplanten Veranstaltung. Als Alexandra endet, schweigt Carl einige Sekunden. Sie spürt, dass er über ihre Ausführungen kritisch nachdenkt. Für Alexandra Anlass genug, auch selbst den Ablauf im Geiste noch einmal Punkt für Punkt durchzugehen und zu hinterfragen.

Carls Stimme reißt Alexandra aus ihren Gedanken. „So, wie Du das schilderst, muss ich mir wohl keine Sorgen wegen übermorgen machen. Ich gebe zu, nach Deiner Mail mit dem Angebot eines Beraters, die mir Ingo weitergeleitet hat und die Du erfreulicherweise jetzt als Fehler siehst, war ich beunruhigt. Das ist durch unseren Termin von heute Morgen nicht wirklich besser geworden. Doch was Du mir jetzt am Telefon erklärt hast, klingt schlüssig, gut durchdacht und durchaus stimmig." Die letzten beiden Worte hatte Carl langsam, ja zögerlich gesprochen. Alexandra spürte, dass jetzt noch etwas Wichtiges und wahrscheinlich Kritisches kommen würde. Und richtig, Carl war noch nicht fertig: „Deine Idee, die Vorwände des Außendiensts gegen CRM so zu hinterfragen, dass sie als vorgeschoben für jeden erkennbar werden, finde ich sehr gut. Auch mit Deinem psychologischen Trick, die mittelfristigen Sorgen der Mannschaft durch sich kurzfristig einstellende, deutliche Vorteile in den Hintergrund treten zu lassen, könnte ich mich wohl anfreunden. Aber mein Bauch fragt mich, ob es nicht doch etwas gibt, etwas, das, wie man so schön sagt, den Deckel drauf macht. Verstehst Du, was ich meine?"

Reflexion

Auch wenn der Verstand aus rationalen Gründen den Widerstand aufgibt, bleibt oft ein ungutes Bauchgefühl zurück. Überzeugung ist nicht nur, aber sehr wesentlich, ein Bauchgefühl. Wir sind überzeugt, wenn Pilot und Autopilot einer Meinung sind.

Alexandra versteht sogar sehr gut, was Carl Boldinger meint. Seine Worte machen auch sie nachdenklich. Auch wenn sie sicher ist, dass ihre Idee, den Außendienst für das Projekt zu gewinnen oder besser zu ködern, letztendlich funktionieren würde – in den Hinterköpfen der Mitarbeiter würden Bedenken bleiben. Jede Schwierigkeit, jeder Rückschlag bei der Nutzung des Systems, könnte diese Bedenken und damit auch den Widerstand wieder aktivieren. Doch was könnte sie noch tun? Ihr Gedankenfluss wird durch Carls Stimme unterbrochen. „Sag mal Alexandra, Du kennst dich doch mit Emotionen aus. Gibt es denn nicht eine Möglichkeit, die Kämpfer an der Front, wie sie sich selbst gerne sehen, bei ihrer Berufsehre zu packen? Was meinst du?" Alexandra holt tief Luft. Spontan muss sie Carl Recht geben, auch wenn sie noch keine konkrete Idee hat. Nach einer kurzen Pause erwidert sie: „Carl, Du hast wirklich ein unglaubliches Gespür für Situationen und dafür, wie Menschen ticken. Ich weiß noch nicht genau, wie ich Deine Idee umsetzen kann, aber das wird sich schnell ändern. Herzlichen Dank für den Tipp!" – „Keine Ursache, Alexandra, das gehört zu meinem Job. Ich bin sicher, dass Dir etwas Kluges einfällt. Ich habe jetzt ein gutes Gefühl und freue mich auf übermorgen. Bis dahin also."

Alexandra wendet sich jetzt wieder ihrer Assistentin zu, die ja nur ihren Part des Telefonats mithören konnte. „Corinna, Sie haben sich doch intensiv mit den Vorteilen beschäftigt, die CRM auch und vor allem dem Außendienst bringt. Fällt Ihnen denn nicht noch ein Aspekt ein, den wir noch nicht genügend beachtet haben?", fragt Alexandra und schaut Corinna dabei erwartungsvoll an. Diese überlegt kurz, blättert in ihren Aufzeichnungen zum Thema und wird fündig: „Nun, man kann belegen, dass sich der berühmte administrative Aufwand für jeden einzelnen Mitarbeiter im Vertrieb verringert. Wenn alle mitziehen, die Abläufe einhalten und vor allem die Daten lückenlos pflegen, sogar um mindestens 50 %." – „Das bedeutet", setzt Alexandra fort, „wenn der Außendienst seine Aktivitäten sauber dokumentiert, macht er auch dem Innendienst das Leben spürbar leichter", und ergänzt sofort: „Damit haben wir den Innendienst schon gewonnen, und der Außendienst hat dann auch eine moralische und damit emotionale Verpflichtung, seine Daten sauber zu pflegen. Richtig?"

„Absolut, so kann man das sagen", antwortet Corinna und ergänzt: „Doch auch der Außendienst selbst spart Zeit. Denken Sie nur an die Vertriebsmeetings. Die lästigen Fragen, warum das eine oder andere Geschäft doch noch geplatzt ist oder warum der schon lange avisierte Abschluss immer noch nicht da ist, die Antworten müssen jetzt nicht mehr langwierig vorbereitet werden, sie stehen bereits im System. Das Gleiche gilt für den Forecast. Das ist in Zukunft nur noch eine Abfrage. Aus meiner Sicht wird sich der Charakter der Vertriebsmeetings deutlich ändern. Es geht dann weniger um die Bestandsaufnahme, sondern mehr um Aktionen, um den Blick voraus."

Corinna hat sich wahrlich in Begeisterung geredet, was Alexandra sofort anerkennt: „Das ist ein sehr guter Gedanke, Corinna. Und auch die jährliche Verhandlung über die Vorgabe wird für beide Seiten leichter. Denn dann liegen alle Fakten sowohl den Mitarbeitern als auch dem Vertriebsleiter gleichermaßen transparent vor. Wunderbar, auch dieser Aspekt ist ganz wichtig. Den werde ich in meine Präsentation für übermorgen einbauen."

Reflexion

Kreativität wird durch das Stimulanzprogramm stark begünstigt – und eine lockere, entspannte Atmosphäre aktiviert und verstärkt diese Stimulanz.

Dieser kurze, anregende und kreative Gedankenaustausch hat die gute Stimmung in Alexandras Büro zurückgebracht. Und einmal im Fluss, hat Alexandra noch eine, die wohl entscheidende Idee. In praktisch jedem Vertriebsmeeting erinnert sie ihre Verkäufer daran, dass sie nicht in erster Linie Produkte verkaufen, sondern die Emotionen, die die Kunden mit dem Produkt, mit der Lösung, mit dem Unternehmen und nicht zuletzt mit dem Verkäufer verbinden. Ja, der Außendienst ist Teil der Emotionen, die der Kunde in erster Linie kauft. Das konkrete Produkt kommt erst danach. Doch CRM erfasst nur das Produkt, zusammen mit den nüchternen Fakten zum Kunden. CRM erfasst keine Emotionen! Ein guter Verkäufer muss keine Angst haben, diese Fakten zu teilen. Denn was ihn wirklich abhebt und unersetzlich macht, ist seine Fähigkeit, bei seinen Kunden Emotionen zu erkennen, zu wecken und die daraus entstehenden Bedürfnisse zu befriedigen. Das CRM-System verschafft ihm unter dem Strich mehr Zeit für seine Kunden. Dazu hilft es ihm, seinen Innendienst immer gut informiert zu wissen und natürlich selbst jederzeit den Überblick über seine Kunden zu behalten.

Corinna ist von diesen Gedanken ihrer Chefin begeistert: „Alexandra, wenn Sie das übermorgen so rüberbringen wie eben, dann reißen Sie die gesamte Mannschaft mit, dann haben wir den Außendienst mit im Boot. Ich habe mir ganz viele Notizen gemacht und auch alle neuen Gedanken, die wir gerade besprochen haben, aufgenommen. Wenn es Ihnen recht ist, dann vervollständige ich jetzt auch Ihre Präsentation. Was meinen Sie?" – „Natürlich nehme ich Ihr großartiges Angebot gerne an, Corinna. Herzlichen Dank schon jetzt für Ihre hervorragende Unterstützung." Corinna strahlt, packt ihre Unterlagen zusammen und ist gerade an der Tür, als wie aufs Stichwort Ingo in der Tür erscheint und Alexandra fragt, ob er sie bei der Vorbereitung für übermorgen nicht noch irgendwie unterstützen könne. Auch wenn Alexandra keine Unterstützung mehr braucht, sie erkennt und nutzt die Chance, bei ihrem Chef Pluspunkte zu sammeln: „Sie kommen genau im richtigen Moment. Wenn es Ihre Zeit erlaubt, würde ich gerne meinen Part beim Kickoff mit Ihnen noch einmal durchgehen und besprechen." – „Natürlich, deshalb bin ich gekommen. Eine halbe Stunde habe ich", antwortete Ingo und setzt sich zu Alexandra an den Besprechungstisch.

Schließlich ist der große Tag gekommen – noch eine Stunde bis zum Kickoff. Corinna spürt das Lampenfieber jetzt sehr deutlich. Deshalb ist sie froh, dass sie am Kaffeeautomaten ihren Kollegen Bernd trifft. Sie kennt ihn praktisch seit ihrer ersten Minute im Unternehmen. Er war bei ihrem Einstellungsgespräch dabei und hatte so entscheidenden Anteil daran, dass sie den Job als Vertriebsassistentin bekam. „Gut siehst Du aus, Corinna. Der Anzug steht Dir gut, sehr edel. Man könnte denken, Du arbeitest jetzt für den Vorstand", scherzt Bernd. „Schon ein bisschen aufgeregt?", fragt er, „schließlich hast Du nachher ja einen wichtigen Part. Du stellst mit Holger zusammen das neue CRM-Tool vor. Ich bin richtig stolz auf Dich! Du hast Dich hervorragend entwickelt, Hut ab!" – „Danke für die Blumen, Bernd, so ein bisschen Schmeichelei tut manchmal gut. Besonders jetzt, wo ich die Präsentation der Software ganz allein stemmen muss." – „Wieso das?" fragt Bernd überrascht, „Was ist mit Holger?" Corinna stöhnt leicht auf und berichtet Bernd, was sie seit gestern Nachmittag erlebt hat. „Holger war schon seit drei Tagen ziemlich erkältet, hat sich aber mit Medikamenten aus der Apotheke über Wasser gehalten. Doch gestern, es war schon nach 17.00 Uhr, war er am Telefon und sagte krankheitsbedingt für die Präsentation ab. Er klang jämmerlich, klagte über Fieber und Schüttelfrost und muss wohl zum Arzt gehen", berichtet sie. „Ich habe dies irgendwie kommen sehen, und dennoch war ich geschockt und verärgert, dass Holger mich einfach so hängen lässt. Zumindest war das meine Empfindung in diesem Moment. Ich fühlte kein Mitleid, sondern versuchte nur, meiner aufkommenden Panik Herr zu werden." – „Na, Du bist ja wirklich knallhart", staunt Bernd, „Holger hat das doch nicht mit Absicht gemacht. Wenn er krank ist, ist er krank."

> **Reflexion**
>
> Erinnerung ist immer emotional. Es gibt keine rein sachliche, nüchterne Erinnerung. Die mit einer Information oder einem Erlebnis verbundenen Emotionen werden immer mit erinnert.

„Klar" räumt Corinna widerstrebend ein, „aber er hat nur gejammert, war nur bei sich und hat mir keinen einzigen Vorschlag gemacht, wie ich das zum Beispiel ohne ihn hinkriegen kann. Vor allem deshalb war ich so sauer", regt sie sich jetzt noch einmal auf. „Gut, kann ich verstehen", lenkt Bernd ein. „Und was machst Du jetzt? Was wird aus der Präsentation?" – „Die halte ich", lautet Corinnas knappe und zugleich selbstbewusste Antwort. „Aha. Und was wird aus der Live-Demo?" – „Die übernehme ich auch." Bernd pfeift anerkennend durch die Zähne. „Mega. Aber jetzt erzähl endlich, kriegst Du das hin? Lass Dir doch nicht alles aus der Nase ziehen." – „Also" sagt Corinna strahlend und erzählt Bernd die ganze Geschichte. „Als ich meinen ersten Schreck überwunden hatte und auch meinen Ärger wegstecken konnte, habe ich Holger gefragt, ob er einen Vorschlag hat, wer die Live-Demo jetzt machen kann. Wie schon gesagt, er hatte keine Idee und schlug lediglich vor, auf diesen Part zu verzichten. Natürlich geht das nicht. Als ich ihm das gesagt habe, fing er nur wieder an zu jammern und mir wieder und wieder zu erklären, wie leid ihm alles tut. Ich habe nicht hingehört und stattdessen versucht, eine Lösung zu finden.

Wir hatten diese Live-Demo schon dreimal zusammen gemacht. Den Ablauf konnte ich deshalb im Schlaf. Im Grunde musste ich nur als Administrator in das System kommen und die Beispiele aufrufen und Schritt für Schritt durchgehen. Als ich Holger das sagte, kam er mit ganz vielen Problemen und Schwierigkeiten und erklärte mir, das ginge nicht. Aber ich habe nicht lockergelassen, und nachdem wir für alle Schwierigkeiten eine Lösung gefunden hatten, gab es nur noch ein Problem – das Administrator-Kennwort. Ohne das könnte ich die Demo nicht vorführen, meinte Holger und sagte mir zugleich, dass er dieses Passwort unter keinen Umständen an mich weitergeben dürfe." – „Und Du hast ihm durchs Telefon die Pistole auf die Brust gesetzt?", vermutet Bernd jetzt grinsend. „Du kennst mich gut", lächelt Corinna. „Es hat ein bisschen gedauert, doch dann hatten wir eine Lösung und ich das Passwort. Holgers Chef war telefonisch und per Mail nicht erreichbar. Also habe ich Alexandra angerufen, die Ingo und der schließlich Carl. Jetzt gibt es eine Aktennotiz von Holger, die besagt, dass er mir das Passwort heute Morgen per Mail geschickt hat und dass dieses Passwort heute gleich nach meiner Präsentation geändert wird. Das alles mit dem Segen des Vorstandsvorsitzenden. Wir sind halt ein Großunternehmen mit klar definierten Prozessen. Aber wie Du siehst, bleibt unsere Firma trotzdem noch entscheidungs- und handlungs-fähig", strahlt Corinna. „Ich sehe schon, ich muss mich weiter mit Dir gutstellen. Über kurz oder lang bist Du vielleicht meine Chefin", meint Bernd zwar mit scherzhafter Stimme, aber durchaus nicht ohne Ernst.

Als Alexandra wie verabredet am Kaffeeautomaten eintrifft, sind es noch dreißig Minuten bis zum Kickoff. Die beiden Frauen begrüßen sich herzlich, und Corinnas Lampenfieber ist einem optimistischen Tatendrang gewichen. Doch das ist ihr in diesem Moment gar nicht bewusst. Nachdem Alexandra ihren Espresso hatte, verabschieden sich beide mit einem „bis gleich" von Bernd und gehen zum Fahrstuhl, der sie in die oberste Etage mit dem großen Konferenzraum bringt. Dort angekommen, überzeugen sie sich davon, dass die Technik funktioniert, und Corinna prüft auch die scheinbaren Kleinigkeiten, beispielsweise, ob auch auf jedem Platz ein Handout liegt.

Dann ist es so weit. Ingo Kuttler eröffnet das Kickoff-Meeting. Er lässt das vergangene Geschäftsjahr mit wenigen einprägsamen Sätzen kurz Revue passieren und lenkt den Blick dann auf das, was im gerade beginnenden Jahr vor ihnen liegt und welche Herausforderungen auf das Unternehmen und damit auch auf den Vertrieb zukommen. Dann stellt er Alexandra als Moderatorin der heutigen Veranstaltung vor und übergibt ihr das Wort. Alexandra spricht und bewegt sich sehr souverän in ihrer Rolle, und niemand merkt etwas von ihrem immer noch vorhandenen Lampenfieber. Sie leitet über zum ersten Punkt auf der Agenda, dem Bericht des Leiters Controlling zum abgelaufenen Geschäftsjahr. Natürlich kennt sie die Zahlen, aber auch wenn dies nicht der Fall gewesen wäre, hätte sie wohl kaum richtig zugehört. Für sie stellt dieser Bericht vielmehr eine willkommene Pause dar, um sich in den für sie so bedeutenden Part, nämlich „ihr" CRM, einzustimmen. Viel wird davon abhängen, das ist ihr klar, wie Corinnas Präsentation ankommt. Dann ist es endlich so weit, sie kündigt den zweiten Punkt der Agenda an, die ausführliche Vorstellung des geplanten CRM-Projekts durch Corinna Schubert.

Corinna tritt sicher ans Rednerpult und ihre Stimme zittert nur bei ersten beiden Sätzen ein wenig. Dann wirkt sie absolut sicher und zeigt gekonnt, welche Möglichkeiten das System bietet, wie leicht sich Kundendaten eingeben und verwalten lassen und wie einfach es ist, Berichte und Übersichten zu erstellen. Sie lässt sich auch nicht durch das Gemurmel in einer der hinteren Ecken des Konferenzsaales aus der Ruhe bringen.

Doch als dieses Gemurmel schließlich zu einer lauten Unterhaltung wird, in der Heiko Schmitt, ein Außendienstler aus einem anderen Vertriebsbereich, den Ton angibt, steht Alexandra auf, um einzuschreiten. Doch das ist nicht nötig, denn fast, als ob sie auf dieses Zeichen gewartet hätte, reagiert Corinna. „Herr Schmitt, Sie scheinen eine Frage zu haben" spricht sie ihn an. Der Angesprochene steht auf und antwortet in lässigem Ton: „Nichts weiter, liebe Frau Schubert, wir fragen uns nur, warum und vor allem wann wir diese verwirrende Anzahl von Feldern ausfüllen sollen. Was nützen uns denn zum Beispiel die drei tollen Felder ‚Lead-Status', ‚Lead-Quelle' und ‚Lead-Bewertung'? Da kann man doch bestimmt etwas zusammenfassen und warum sind das Pflichtfelder?" Dann setzt er sich wieder hin.

„Gut, dass ich das mit Alexandra in kleinen Rollenspielen geübt habe", freut sich Corinna innerlich und antwortet: „Es gibt in der Erfassungsmaske standardmäßig 42 Felder. 22 davon sind Pflichtfelder. Die übrigen 20 Felder können Sie nach Ihrem Bedarf nutzen oder nicht nutzen. Möglicherweise ergibt sich im Laufe der CRM-Nutzung, dass das eine oder andere dieser optionalen Felder zu einem Pflichtfeld wird. Genauso ist es möglich, dass nach den ersten Erfahrungen das eine oder andere Pflichtfeld wegfällt oder optional wird. Die von Ihnen angesprochenen drei Lead-Felder dienen dazu, ein Lead genauer zu charakterisieren. So sind der Status und die Bewertung wichtig für die Einschätzung eines Leads, und es gibt eine Reihe von Abfragen, die auf diese Felder zugreifen. Auch die Lead-Quelle ist wichtig, denn so lässt sich zum Beispiel mit einer einfachen Abfrage klären, wie viele und welche Kunden wir jeweils durch Empfehlung, Messen, Mailings, Telefon- oder Kaltakquise bekommen haben", erläutert Corinna souverän und ausführlich.

Doch Heiko Schmitt gibt sich mit der Antwort nicht zufrieden: „Dann ist also das Controlling der wahre Nutznießer von CRM. Na super, wir haben mehr Arbeit, weniger Zeit für die Kunden und damit weniger Umsatz. Und beim nächsten Kickoff dauert der Bericht des Controllers dann doppelt so lange. Toll. Wirklich toll." Ein leises, aber nicht zu überhörendes, beifälliges Gemurmel breitet sich im Raum aus. „Herr Schmitt, jetzt zeichnen Sie ein sehr einseitiges Bild der Anwendung von CRM. Auch Ihnen kommt zum Beispiel die Verbesserung der zentralen Akquise zugute. Dafür ist es eben wichtig zu wissen, für welche Kundensegmente und für welche Produktreihen welche Art der Akquise am wirksamsten ist. Je mehr Leads hierdurch generiert werden, desto mehr erhalten auch Sie."

Das Gemurmel ist verstummt. Doch Heiko Schmitt gibt noch nicht auf: „Okay, jetzt haben Sie ein Beispiel dafür gebracht, wie auch der Vertrieb möglicherweise profitiert. Ich bezweifle aber, dass die viele Zeit, die wir in Zukunft mit diesem Datenfriedhof verbringen – und eben nicht bei unseren Kunden – sich am Ende auszahlt." Nun setzt das Gemurmel wieder langsam ein. Deshalb greift Alexandra in dieses Zwiegespräch ein: „Herr Schmitt, wurde Ihre konkrete Frage bezüglich der Lead-Felder von Frau Schubert aus Ihrer Sicht beantwortet?" – „Ja, schon", bestätigt er notgedrungen, fügt aber sofort an, „aber das ist ja nur ein winziger Teilaspekt, das große Ganze haben wir überhaupt noch nicht diskutiert." Auch wenn Heiko Schmitt noch nicht klein beigeben will, das Gemurmel hat aufgehört und die Aufmerksamkeit ist bei Alexandra. Die überlegt kurz, wechselt ein paar Worte mit Corinna und fragt dann in die Runde: „Wir haben jetzt von Frau Schubert einen umfassenden Überblick über die Möglichkeiten und die Bedienung des CRM-Systems erhalten. Was jetzt noch aussteht, ist eine Live-Demo der Software, bei der Sie sich selbst überzeugen können, wie einfach das System zu bedienen ist und wie schnell Sie die für Sie relevanten Informationen abfragen können. Was halten Sie davon, wenn wir jetzt zehn Minuten Pause machen und danach mit dem dritten Tagesordnungspunkt, ‚Warum brauchen wir CRM?' weitermachen? Ich bin sicher, dass Sie danach der Live-Demo mit Spannung entgegensehen." Das allgemeine Kopfnicken signalisiert Zustimmung. „Ist das auch in Ihrem Sinne, Herr Schmitt?" fragt Alexandra dennoch. „Absolut, Sie sehen ja, dass wir noch viele Fragen haben, die nicht nur mit der Bedienung von CRM zu tun haben." – „Wunderbar, dann sehen wir uns in zehn Minuten wieder", beschließt Alexandra den ersten Teil des Kickoffs.

Sie ist mit dem bisherigen Verlauf sehr zufrieden, das gilt ganz besonders für Corinnas Präsentation. Auch Ingo, der deutsche Vertriebschef, sieht das so, als er zu seinen beiden Mitarbeiterinnen aufs Podium kommt. „Guter Job, Corinna! Und das mit der Pause war genau die richtige Idee, Alexandra", lobt er beide und wendet sich dann an Alexandra: „Die Stimmung ist gar nicht so schlecht, viel besser, als ich befürchtet habe. Wenn Sie jetzt genauso weitermachen, wie Sie es mir vorgestern vorgestellt haben, dann bin ich sicher, dass Sie die Mehrheit hinter sich und damit hinter CRM bringen. Sie haben mein volles Vertrauen."

Alexandra enttäuscht das Vertrauen ihres Chefs nicht. Der zweite Teil des Kickoffs verläuft so, wie sie es geplant und vorbereitet hat. Die besonders vom Außendienst vorgebrachten Vorwände entkräftet sie durch geschicktes Hinterfragen. Da, wie erwartet, kein Mitarbeiter des Außendiensts die wahren Beweggründe der Ablehnung offen ausspricht, entsteht für einen kurzen Moment eine gefühlte Pattsituation. Die Spannung im Raum ist förmlich greifbar. Diesen Moment ungeteilter Aufmerksamkeit nutzt Alexandra, um die unbestreitbaren Vorteile des geplanten CRM-Systems für die unterschiedlichen Mitarbeitergruppen, insbesondere aber auch für den Außendienst, zu präsentieren.

So, wie von Alexandra vorhergesehen, kippt die Stimmung allmählich zugunsten des neuen Systems. Doch die anwesenden Mitarbeiter des Außendiensts bleiben zwiespältig. Sie können zwar die für sie relevanten Vorteile nicht von der Hand weisen, trotzdem bleibt die Angst, in Zukunft weniger wichtig zu sein. Auch das sagt niemand, aber man kann es den meisten ansehen. Umso größer sind die Überraschung und Betroffenheit, als Alexandra diesen Punkt jetzt offen anspricht. „Wo will sie jetzt hin?" steht in den fragenden Gesichtern der

Außendienstler geschrieben. Wieder hat Alexandra die ungeteilte Aufmerksamkeit und wieder kommt ihre Botschaft an:

„Liebe Kolleginnen und Kollegen – CRM erfasst keine Emotionen!" Alexandra genießt die allgemeine Überraschung und setzt nach einer Wirkpause fort: „Ein guter Verkäufer hat keine Angst davor, diese Fakten zu teilen. Warum auch?" Gespannt warten jetzt alle darauf, wie Alexandra diese rhetorische Frage beantwortet. Was sie natürlich gerne tut: „Denn was einen Spitzenverkäufer wirklich abhebt und unersetzlich macht, ist seine Fähigkeit, bei seinen Kunden Emotionen zu erkennen, zu wecken und die daraus entstehenden Bedürfnisse zu befriedigen. Dafür halten der Innendienst und das CRM-System ihm den Rücken frei!" Im Konferenzsaal ist es für einen Augenblick absolut still. Dann bekommt Alexandra spontanen Beifall. Das Kickoff ist gelungen!

2.5 Fehler aufarbeiten und schwierige Entscheidungen treffen mit PEK

Darum geht es in dieser Episode

Wer eine Aufgabe delegiert, verbindet damit eine konkrete Erwartung. Doch ist die auch realistisch? Wie sieht der, an den delegiert wurde, diese Aufgabe? Was passiert, wenn etwas schiefgeht? Wie lernen wir aus unseren Fehlern? Hier finden Sie dazu wertvolle Anregungen – und eine elegante, einfache Methode, wie Sie in schwierigen Situationen Ihre drei Verhaltensprogramme und Ihren Piloten als Ratgeber nutzen.

Corinna ist gerade dabei, ihre Unterlagen für das vor wenigen Minuten vereinbarte Treffen bei Schmidt & Fischer zusammenzustellen. Nach ihrer hervorragenden Unterstützung bei der Vorbereitung und Durchführung des Kickoff-Meetings ist es nur logisch, dass Alexandra ihr nun weitere wichtige Themen anvertraut. Im Moment betreut sie gemeinsam mit der externen Agentur die Marketingkampagne für ein Produkt, das im nächsten Quartal angekündigt wird. Corinna ist begeistert bei der Sache und schon sehr auf die Entwürfe gespannt, die jetzt zur Entscheidung anstehen. Diese Entscheidung sollte ursprünglich schon gestern am Donnerstag fallen, aber Kreativität hält sich nicht immer an Zeitpläne. Das zumindest war die augenzwinkernde Begründung von Hajo Schmidt, dem Creative Director von S&F. Jetzt ist es Freitagmittag. Corinna könnte gegen 16 Uhr zurück sein und hätte dann immer noch genügend Zeit, der Präsentation den letzten Feinschliff zu geben, mit der Alexandra die Kampagne am Montag dem Vorstand präsentiert. „Ok, ich habe alles im Griff", denkt Corinna noch zufrieden, als Outlook sie an eine leidige Aufgabe erinnert: die Auswertung der Reisekosten. Die Aufstellung soll allerspätestens heute 16 Uhr beim Controlling sein. Diese letzte Deadline hatte sie mit Georg Hellmann, dem Vertriebscontroller, hart verhandelt. Georg muss die Gesamtauswertung am Montag beim Vorstand abgeben, der wegen der Kostensteigerungen in den letzten beiden Quartalen das Thema im Fokus hat. Bei der spannenden und für sie neuen Zusammenarbeit mit Schmidt & Fischer hatte Corinna diese Aufstellung, eine Altlast aus ihrer Anfangszeit als Alexandras Assistentin, völlig verdrängt. Innerlich ärgert sie sich über die Bürokratie, sie hat doch wirklich Wichtigeres zu tun. Es hilft jedoch alles nichts, die Auswertung muss gemacht werden, sonst kommt sie noch in Teufels Küche. Wie blöd, dass sie das so lange aufgeschoben und verdrängt hat. Jetzt überlegt sie fieberhaft, an wen sie diese Aufgabe so kurzfristig abgeben kann. Spontan fällt ihr Bernd Leistner ein, der Kollege, den sie im Unternehmen am längsten kennt. „Ja, Bernd ist der Richtige", denkt Corinna. „Er ist hilfsbereit und mir gegenüber immer zuvorkommend. Außerdem stehen wir jetzt praktisch auf einer Ebene. Bernd kann und wird mir helfen. Schließlich macht er am Freitagnachmittag keine Kundenbesuche, und sein Papierkram, wie er es selbst nennt, kann schließlich warten."

Als Corinna ihn anspricht, reagiert Bernd ausgesprochen gut gelaunt: „Hallo Corinna, ich habe gehört, dass Du eifrig dabei bist, das nächste Projekt zu stemmen. Wir sind alle schon gespannt, was diesmal herauskommt. Du hast ein Händchen dafür, Dinge überzeugend zu präsentieren und zu erklären." Corinna kann sich dieser freundlichen Begrüßung nicht entziehen: „Nun hör aber auf! Du machst doch auch einen tollen Job, der Innendienst liebt Dich und bei Deinen Kunden kommst Du super an." Bernd freut sich sichtlich über das Lob seiner Kollegin, die im Moment als Überfliegerin der Abteilung gilt: „Aus Deinem Mund höre ich das besonders gerne, auch – oder gerade –, weil Du noch nicht meine Chefin bist" sagt er mit einem breiten Grinsen. „Genau, stell Dich lieber gut mit mir", flachst Corinna zurück und nutzt sofort diese Gelegenheit: „Bernd, ich brauche ganz dringend Deine Hilfe." Vom abrupten Themenwechsel überrascht und geschmeichelt zugleich, hakt Bernd nach: „Nun, wo brennt es denn? Wie kann ich Dich retten?"

Reflexion

Im Stimulanzprogramm sind wir redegewandt und kontaktfreudig, wir kommen gut ins Gespräch. Besonders dann, wenn wie hier beide Seiten in ihrer Stimulanz sind. Dann stecken Lockerheit und Motivation an. Zusagen werden leicht, aber auch leichtfertig gegeben. Denn die Leichtigkeit des Stimulanzprogramms begünstigt auch eine Oberflächlichkeit, die beim Delegieren kontraproduktiv ist. Die übertragene Aufgabe und die damit verbundene Erwartungshaltung bleiben vage. Die Beteiligten glauben zu schnell, es sei alles besprochen.

Corinna atmet kurz auf: Jetzt kannst Du nicht mehr Nein sagen, mein Lieber, denkt sie und bringt ihr Anliegen vor: „Du weißt doch, dass wir einmal im Quartal die Reisekosten unserer gesamten Vertriebsmannschaft zusammenstellen und die Übersicht an das Controlling geben müssen. Jetzt ist es wieder so weit. Die Aufstellung ist heute fällig, quasi überfällig. Und Du weißt ja, wie viel ich im Moment um die Ohren habe. Ich bin auf dem Sprung zu einem Agenturmeeting und komme erst am späten Nachmittag zurück. Ich schaffe es einfach nicht."

Bernd ist jetzt ziemlich ernüchtert, er hatte etwas Anspruchsvolleres erwartet. Doch laut sagt er: „Was gibt es denn da alles tun? Du weißt, ich kenne mich damit überhaupt nicht aus." Corinna hört die Enttäuschung heraus und versucht, jetzt Bernds Hilfsbereitschaft anzusprechen: „Bernd, ich weiß, dass es keine spektakuläre Sache ist. Aber das Controlling erwartet die Zahlen heute um 16 Uhr. Ich habe es fest zugesagt, doch ich schaffe das einfach nicht. Und ja, ehe Du fragst – ich habe es auch verschwitzt. Sonst wäre ich eher gekommen. Aber jetzt bin ich in der Klemme und es wäre wirklich schön von Dir, wenn Du mir diesmal aus der Patsche hilfst. Du hast dann auch noch etwas gut bei mir.", schließt sie ihre Bitte mit einem gewinnenden Lächeln. Corinna sieht, wie Bernd mit sich kämpft: „Okay, Du hast gewonnen. Aber ich nehme Dich beim Wort", lächelt Bernd endlich zurück.

„Also, raus mit der Sprache, was muss gemacht werden?" Corinna fällt ein Stein vom Herzen: „Du musst die Zahlen aus verschiedenen Bereichen unseres Buchungssystems zusammentragen. Zum Beispiel die Kilometerpauschalen oder die Benzinkosten. Es geht darum, den gesamten Aufwand für die Kundenbesuche im letzten Quartal zu erfassen. Im Controlling gibt es eine Liste, aus der hervorgeht, was alles dazu gehört, Bahn, Flug … Ausland natürlich auch. Du kriegst das hin."

Bernd verdreht die Augen und fragt nach: „Wenn der ganze Kram schon einmal erfasst wurde, warum kann das Controlling, das denn nicht alles selbst abrufen?" Jetzt ist Corinna erstaunt: „Bernd, Du warst doch beim Kickoff dabei. Sobald das neue CRM aktiv ist, stehen all diese Informationen dem Controlling über eine Abfrage sozusagen auf Knopfdruck zur Verfügung. Doch bis dahin müssen wir alles noch einzeln zusammentragen und auf Konsistenz sowie Plausibilität prüfen." Bernd schaut Corinna jetzt alles andere als erfreut an und überlegt für einen Moment, wie er aus dieser Sache wieder herauskommt. Da ihm nicht sofort etwas einfällt, lenkte er ein: „Also gut, bis wann muss die Aufstellung beim Controlling sein? Und wer ist der Ansprechpartner?" – „Du bist wirklich der tollste Kollege, den man haben kann. Ein richtiger Schatz! Die Zahlen müssen heute bis 16 Uhr per Mail beim Controlling sein. Der zuständige Mitarbeiter ist Georg Hellmann" sagt Corinna erfreut und vor allem erleichtert.

Doch Bernd hat noch eine kleine Überraschung für sie: „Da ich heute früher gehen muss, übergebe ich die Aufgabe am besten an meine Vertriebsassistentin Bettina. Die kennt sich mit so etwas am besten aus." Corinna schaut Bernd ein wenig besorgt an und vergewissert sich: „Du kümmerst dich also darum und übernimmst die Verantwortung dafür, dass die Aufstellung fristgerecht und vollständig an das Vertriebscontrolling gegeben wird? Schaut Euch am besten den letzten Bericht an, Ihr findet ihn im Intranet unter/Berichte/Vertrieb. Bettina soll bitte gleich damit anfangen, wir sind schon sehr spät dran!"

Bernd unterbricht sie mit einer lässigen Handbewegung: „Kein Problem, das kriegt Bettina hin. Mach Dir keine Sorgen, Bettina ist ein alter Hase. Vor allem, mach nicht zu viele Überstunden. Du musst auch mal für Ausgleich sorgen. Ich treffe mich später mit Freunden zum Kegeln. Komm doch einfach dazu, es ist eine nette Runde und Du kommst auf andere Gedanken …", doch bei Bernds letzten Worten ist Corinna mit einem „Ich verlasse mich auf Dich!" schon aus der Tür.

Reflexion

Corinna hat hier im Autopiloten, im Stimulanzprogramm agiert. Die von Bernd ausgehenden Alarmsignale hat sie zwar registriert, ja sogar angesprochen – doch nicht im bewusst hinterfragenden Piloten.

Sie hat sich leicht beschwichtigen lassen – in der typischen Hoffnung des Stimulanzprogramms „es wird schon alles gutgehen".

Kurz nach 16 Uhr, Corinna ist gerade wieder von der Agentur zurück und will sich mit Elan an ihre Präsentation setzen, da ruft Georg Hellmann an und erinnert sie nachdrücklich an die Abgabe der Reisekostenauswertung. Corinna hatte das Thema inzwischen schon wieder vergessen. Sie ist irritiert und wütend, dass die übertragene Aufgabe offenbar nicht erledigt wurde. Bernd ist nicht mehr im Büro und wohl wie angekündigt frühzeitig ins Wochenende aufgebrochen. So geht Corinna direkt zu Bettina, um zu klären, was los ist. Als Corinna in Bettinas Büro kommt, räumt diese gerade ihren Schreibtisch auf.

Corinna ahnt nichts Gutes und kommt innerlich aufgebracht sofort zum Thema: „Wie weit bist Du mit der Auswertung der Reisekosten? Bernd hat Dir doch gesagt, dass die heute 16 Uhr beim Controlling sein muss? Oder etwa nicht?" Bettina fühlt sich sichtlich bedrängt und rutscht verlegen auf ihrem Stuhl nach hinten: „Er hat mir gesagt, dass ich mich um die Reisekosten kümmern soll und mir eine alte Auswertung hingelegt. Aber ich habe selbst den Tisch voll. Das kam total ungeplant und ich schaffe meine eigenen Aufgaben kaum. Außerdem weiß ich auch gar nicht recht, was ich tun soll. Bernd hatte keine Zeit mehr, es mir richtig zu erklären. Ich frage ihn gleich am Montag danach und versuche, die Auswertung am Montag fertig zu machen."

Jetzt ist Corinna richtig wütend. Wenn sie nicht nachgehakt hätte, dann wäre Bettina einfach nach Hause gegangen. Und Bernd ist bereits weg. Sie selbst hat noch einen langen Abend vor sich. Das kann doch nicht wahr sein! Ich übergebe eine Aufgabe und muss dann hinterherlaufen, damit sie erledigt wird. „Bernd wird mich kennenlernen!", kocht Corinna innerlich. Zugleich versucht sie, zu retten, was noch zu retten ist und sagt in scharfen Ton: „Bernd hat mir fest zugesagt, dass diese Aufstellung heute von Dir erledigt wird. Bitte kümmere Dich jetzt darum. Herr Hellmann aus dem Controlling braucht die Daten sofort!"

Doch Bettina reagiert nun ihrerseits empört, denn sie fühlt sich zu Unrecht angegriffen. „Es kann doch nicht sein, dass mir jeder seine unliebsamen Aufgaben einfach auf den Tisch kippt und sagt ‚Mach mal' …", überlegt sie und platzt dann heraus: „Ich habe jetzt schon 17 Überstunden und jeder klatscht mir seine Sachen auf den Tisch! Jeder meint, seine Aufgabe ist die wichtigste. Ich weiß schon nicht mehr, wo mir der Kopf steht. Ich versuche wirklich, alles möglich zu machen, was irgendwie geht. Wofür soll ich denn noch zuständig sein? Ich habe auch mal das Recht, an einem Freitag normal Feierabend zu machen wie alle anderen auch!"

Corinna ist von diesem heftigen Ausbruch überrascht. Doch im Inneren gibt sie Bettina Recht. Ich selbst habe die Reisekostenaufstellung schleifen lassen. Doch das hilft jetzt nichts. Die Aufstellung muss gemacht werden, und ich muss jetzt eine Lösung finden, sammelt sich Corinna für einen Augenblick. Sie lenkt mit versöhnlicher Stimme ein: „Bettina, Du hast Recht und ich verstehe Dich vollkommen. Tut mir leid, mir war Deine Situation nicht bewusst und es war nicht in Ordnung, dass ich Dich eben angefahren habe. Bitte entschuldige. Doch unsere Abteilung ist hier in der Pflicht, und wir beide sind im Moment die einzigen, die das Problem lösen können. Vielleicht ist der Aufwand ja gar nicht so groß. Ich rufe jetzt Georg Hellmann aus dem Controlling an und schildere ihm die Situation. Vielleicht hat er ja einen Vorschlag. Im Zweifel mache ich heute eine Nachtschicht." Corinna sieht keine andere Chance, als vor Georg Hellmann zu Kreuze zu kriechen, was sie noch mehr fürchtet als die lange Schicht, die sie nun noch vor sich hat.

Doch Bettina wirkt plötzlich sehr ruhig. Sie sieht, dass Corinna ihre Lage verstanden hat und spürt zugleich die Hilflosigkeit ihrer Kollegin. Ihr heftiger Ausbruch tut ihr jetzt sogar ein bisschen leid. Schließlich hat Corinna den geringsten Anteil an ihrer derzeitigen Belastung: „Lass mal, ich rufe Georg an. Ich hatte schon oft mit ihm zu tun und wir haben einen ganz guten Draht. Er soll mir erklären, was ich tun muss. Bestimmt reicht es auch noch am Montagvormittag. Heute Abend kann er ohnehin nichts mehr mit der Aufstellung anfangen. Ich rede mit ihm. Du hast ja auch mehr als genug zu tun mit der neuen Kampagne."

Corinna ist beinahe sprachlos. Sie hatte nicht erwartet, dass Bettina so schnell einlenken würde. „Jetzt weiß ich gar nicht, was ich sagen soll! Auf jeden Fall herzlichen Dank, Bettina. Meinst Du wirklich, dass Du bei Georg Hellmann einen Aufschub erreichst?" fragt sie ungläubig. „Da bin ich mir ziemlich sicher", antwortet Bettina, „es sei denn, er versichert mir, dass heute gegen 20 Uhr im Controlling noch jemand ist, der unsere Aufstellung weiterbearbeitet", fügt sie mit einem Augenzwinkern hinzu. Corinna ist erleichtert, denn was Bettina sagt, leuchtet ein und beruhigt sie. Vorsichtig atmet sie auf: „Wie es aussieht, bin ich noch einmal mit dem Schrecken davongekommen", denkt sie und verabschiedet sich herzlich von Bettina, mit der Bitte, ihr sofort Bescheid zu geben, wie sie mit Georg Hellmann verblieben ist.

Reflexion

In Bettinas Verhalten zeigen sich deutlich die beiden Pole des Verhaltensprogramms Balance. Sie ist zunächst verletzt, gekränkt und beleidigt. Doch als sie spürt, dass Corinna ehrlich betroffen ist, fühlt sie sich gesehen und reagiert mit Mitgefühl und Hilfsbereitschaft.

Wieder am Schreibtisch, setzt sich Corinna voller Elan erneut an ihre Präsentation. Kurz darauf klingelt ihr Telefon und Bettina versichert ihr, dass Georg nach einigem Hin und Her damit einverstanden ist, dass er die Reisekostenaufstellung am Montag 10.30 Uhr auf dem Tisch hat. Bettina hat alles im Detail mit ihm abgesprochen. Sie ist sich sicher, dass sie nicht mehr als gut eine Stunde, höchstens anderthalb, für die Aufstellung brauchen wird. Corinna bedankt sich noch einmal herzlich bei Bettina und lehnt sich für einen Moment entspannt im Schreibtischsessel zurück. „Morgen besorge ich Bettina ein wirklich besonderes Geschenk", denkt sie dankbar. Doch als ihr dann Bernd wieder in den Sinn kommt, verfinstert sich ihr Blick kurz: „Mit dem werde ich am Montag ein Hühnchen rupfen. Der wird sich wundern."

Als Corinna am Montag ins Büro kommt, stürmt sie als erstes in Bernds Büro, um ihn zur Rede zu stellen. Doch Bernd ist zu einem Kundentermin unterwegs und wird erst am späten Nachmittag zurückerwartet. Stattdessen trifft Corinna auf dem Gang Alexandra, die sofort sieht, dass Corinna aufgebracht ist. Als ihre Chefin den Grund dafür erfährt, überlegt sie kurz und fordert dann von Corinna volle Konzentration auf die Vorbereitung der Vorstandspräsentation. „Wenn wir damit durch sind, kümmern wir uns gemeinsam um das andere Thema. Sieh zu, dass Deine Aufstellung wie verabredet bei Georg Hellmann ist. Er ist Dir wirklich unglaublich entgegengekommen."

Die unterschwellige Kritik kommt bei Corinna an, doch Alexandra geht nicht auf das zerknirschte Gesicht ihrer Mitarbeiterin ein. „Du hast da eine beeindruckende Präsentation vorbereitet. Ich habe sie mir am Wochenende gründlich angeschaut und nur noch ein paar kleine Fragen. Gute Arbeit!" Aha, erst die Peitsche und dann das Zuckerbrot, denkt Corinna und lächelt leicht, immer noch ein wenig verlegen. Und tatsächlich, die Präsentation ist schnell besprochen, die Änderungen sind minimal. Corinna ist nun zu Recht stolz auf ihre Arbeit. Doch Alexandra hat noch eine Überraschung für sie: „Gegen 12 Uhr bin ich spätestens beim Vorstand durch. Danach habe ich bis zum nächsten Termin noch Zeit. Wir bestellen uns etwas zu Essen und reden dann in Ruhe darüber, was mit Deiner Aufstellung, mit Bernd und Bettina schiefgelaufen ist. Mir selbst ist so etwas auch schon passiert. Doch wir können daraus lernen und müssen den gleichen Fehler nicht noch mal begehen." Neben einem persönlichen Interesse an diesem Zwischenfall liegt Alexandra vor allem daran, Corinna als vielversprechende Nachwuchsführungskraft zu fördern und sie nicht in die gleichen Fallen tappen zu lassen, in denen sie oft genug stecken geblieben ist.

„Ich muss nun los", meint Alexandra. „Wenn Du ein paar Minuten Zeit hast, dann denk doch mal über den Vortrag zur Arbeit mit dem sogenannten inneren Team aus unserer letzten Vertriebskonferenz nach.

Du erinnerst Dich doch noch? Daran können wir in unserem Gespräch anknüpfen."

Natürlich erinnert sich Corinna. Die Idee des inneren Teams (Schulz von Thun, 1998) besteht darin, unterschiedliche innere Stimmen zu Wort kommen zu lassen. Jedes Teammitglied symbolisiert dabei einen bestimmten, eindimensionalen inneren Antrieb. Damals waren alle spontan begeistert. Auch sie selbst. Als sie etwas später vor der Entscheidung stand, die Position als Alexandras Assistentin zu übernehmen, hatte sie gleich versucht, ihr inneres Team dazu zu befragen. Doch schon bei der Beschreibung der einzelnen Mitglieder des Teams hatte sie Mühe. Wie sehen sie aus? Wie agieren mein „Antreiber", mein „kühler Kopf", mein „Selbstzweifler", meine „Abenteurerin"? Und wen kann ich noch dazu befragen? Den „Bequemen" oder „die auf sich selbst Achtende"? Habe ich ein wichtiges Teammitglied vergessen? Nachdem Corinna damals ihr inneres Team endlich zusammengestellt hatte, ohne wirklich sicher zu sein, dass sie niemanden vergessen hatte, ging die eigentliche Arbeit erst los. Sie versuchte, sich in jedes Teammitglied hineinzuversetzen und zu überlegen, was er oder sie ihr wohl raten würde. Nach fast zwei Stunden intensiver Arbeit mit sich und ihrem inneren Team hatte sie mehrere Seiten mit Notizen vor sich liegen und ihr brummte der Kopf. Am nächsten Tag sagte Corinna jedenfalls Alexandra zu. Ob und wenn ja welchen Einfluss ihre innere Teamsitzung auf diese Entscheidung hatte, kann sie heute aber nicht mehr sagen.

Doch lang kann sie nicht darüber nachdenken. Sie macht sich erst mal auf den Weg zu Bettina, um ihr noch kurzfristig Unterstützung anzubieten, falls sie mit der Auswertung noch nicht fertig ist. Bettina ist jedoch längst fertig. Sie hat Wort gehalten und ganze Arbeit geleistet. Kurz nach halb zehn war die Aufstellung bei Georg Hellmann. Corinna schenkt ihr eine Flasche Weißburgunder von einem Winzer aus Bettinas Heimatort in der Pfalz. Trotz eines verlegen vorgebrachten „Das-wäre-doch-nicht-nötig-gewesen" ist Bettina die Freude deutlich anzusehen.

Corinna verbringt den Vormittag mit Routinearbeiten, die in den letzten Tagen liegengeblieben sind. Ihr Ärger über Bernd verfliegt allmählich, schließlich hat seine Assistentin Bettina aus der Situation noch das Beste gemacht. Stattdessen kreisen ihre Gedanken um

Alexandras Auftritt im Vorstandsmeeting. Vor allem ist Corinna gespannt, wie ihre Präsentation ankommt. Es klingelt und Alexandras gute Laune am Telefon reißt sie aus ihren Gedanken. Kurz darauf trifft Corinna erwartungsfroh in Alexandras Büro ein. Der Vorstand hat der Kampagne und dem Launch der neuen Produktlinie zugestimmt. Zur Feier des Tages bestellen beide ihr Lieblingsessen beim nahen Thailänder und genießen ihren gemeinsamen Erfolg.

Doch Alexandra vergisst nicht ihr Vorhaben, Corinna auf ihrem Weg zu unterstützen, das eigene Verhalten zu reflektieren und aus Fehlern zu lernen. Sie kommt auf den geschilderten Vorfall zu sprechen: „Was genau ist am Freitag zwischen Dir und Bernd abgelaufen?" Corinnas Ärger ist sofort wieder da, sie sprudelt los und berichtet wütend, wie sie auf die offenbar leeren Versprechungen von Bernd hereingefallen ist. „Gut, jetzt kennen wir Deine Sicht der Dinge auf Bernds Verhalten", unterbricht sie Alexandra mit einer Frage. „Welche Rolle hast Du dabei gespielt? Wie siehst Du Dein Verhalten im Nachhinein?" – mit diesen Fragen lenkt sie die Perspektive von Bernd zurück auf Corinna. „Wenn Du Dir darüber im Klaren bist, dann kannst Du Dich damit beschäftigen, was die beste Reaktion gegenüber Bernd ist", kommt Alexandra auf Corinnas Thema mit Bernd zurück.

Etwas ratlos erwidert Corinna ihrer Chefin: „Also, wenn Du meinst, dass ich jetzt mein inneres Team aufstellen soll, kann ich Dir nur sagen, ich finde das zu umständlich und zu langwierig. Ich glaube nicht, dass mich das einer guten Lösung wirklich näherbringt." Statt zu antworten, lächelt Alexandra und überreicht Corinna ein kleines Leinensäckchen mit vier übergroßen hölzernen Halma-Figuren in den Farben Rot, Gelb, Grün und Blau. „Die habe ich in einem Souvenirladen entdeckt." Corinna betrachtet die vier handlichen Figuren. Sie liegen gut in der Hand: „Und was machen wir nun damit? Was haben diese Figuren mit mir und Bernd zu tun?" Alexandra erklärt: „Das sind genau die vier Farben, die PEK als Platzhalter für die drei menschlichen Verhaltens-programme und den Piloten benutzt. Ich schenke sie Dir, aber nicht, damit Du sie ins Regal stellst." Corinna ahnt, wozu diese Holzfiguren gedacht sind, wehrt sich aber noch: „Um mein inneres Teams auf-zustellen sind doch vier Figuren ein bisschen wenig, oder?" fragt sie. „Das kommt ganz darauf an, was Du als Dein inneres Team ansiehst", entgegnet Alexandra vielsagend. „Wir waren zwar alle von der Idee des Vortrags begeistert, hatten aber, jeder für sich, Schwierigkeiten damit, unser inneres Team zu identifizieren, zu definieren, zu befragen und am Schluss alle Meinungen unter einen Hut zu bringen." Corinna erinnert sich genau.

„Absolut, das war genau mein Problem", pflichtet sie bei, und Alexandra fährt fort: „Als ich diese vier Figuren gesehen habe, kam mir ein Gedanke. Warum sich also mühsam jedes Mal ein inneres Team zusammenstellen, wenn es doch ein solches Team gibt, das wir bereits sehr gut kennen – die vier Facetten unseres Verhaltens? Hier repräsentiert durch die Figuren in Rot, Gelb und Grün für die drei Verhaltensprogramme Dominanz, Stimulanz und Balance unseres Autopiloten und die blaue Figur für unseren Piloten."– „Du meinst, wir betrachten einfach die vier Farben als Repräsentanten unseres inneren Teams? – Ja, das klingt machbar", meint Corinna verblüfft. „Und da bist du einfach so draufgekommen?" fragt sie bewundernd. „Nun, jede Idee braucht einen Auslöser. Bei mir waren es halt die farbigen Halma-Figuren im Schaufenster. Dabei musste ich unwillkürlich an die drei Farben rot, gelb und grün denken, die Hans-Georg Häusel als Platzhalter für die Programme Dominanz, Stimulanz und Balance benutzt. (Häusel, 2008) Und Blau ist eine ruhige Farbe, die passt für mich perfekt zum Piloten. Was hältst Du davon, wenn Du Deine Erlebnisse vom Freitag damit aufarbeitest? Ich habe es selbst schon bei einigen wichtigen Entscheidungen versucht, und jedes Mal bin ich zu einer für mich überzeugenden Lösung gekommen."

Corinna lässt sich gerne auf einen Versuch ein: „Gut, versuchen wir es." – „Dann schlage ich vor, dass wir uns auf Deine nicht sehr erfolgreiche Absprache mit Bernd beschränken. Wir sollten uns nicht verzetteln. Einverstanden?" Natürlich ist Corinna einverstanden. Was sie in Bezug auf die Auswertung alles falsch gemacht hat, ist ihr natürlich längst klar. Mit Bettina hat sie aus einer schwierigen Situation definitiv noch das Beste gemacht. Da bleibt nur noch Bernd, auf den sie immer noch wütend ist, was sie Alexandra auch deutlich zu verstehen gibt.

„Dass Du wütend bist, sehe ich und kann ich auch zum Teil nachvollziehen. Doch Wut ist kein guter Ratgeber. Deshalb schlage ich vor, Du lässt jetzt Dein Blau, Deinen Piloten zu Wort kommen und ganz genau schildern, wie das Gespräch mit Bernd am Freitag abgelaufen ist, was aus Deiner Sicht das Ergebnis war und wie Bernd dieses Ergebnis möglicherweise interpretiert hat." Dieser Vorschlag leuchtete Corinna ein. Sie greift zu ihrem Notizblock und notiert die Überschrift: „Wie beschreibt mein Blau die Situation?" Dann überlegt sie und zögert ein wenig. „Betrachte alles so nüchtern und emotionslos wie möglich. Sei kritisch mit Dir und mit Bernd. Beschönige nichts, aber dramatisiere auch nicht", unterstützt Alexandra ihre Assistentin. Alexandra stellt die blaue Figur vor Corinna auf und rückt die drei übrigen Figuren weit nach hinten. Kurz darauf bringt Corinna den ersten Punkt aufs Papier:

- Ich habe die Priorität der Aufstellung zu gering bewertet. Dadurch habe ich die Aufgabe zu spät delegiert.

Nachdem sie das aufgeschrieben hat, staunt Corinna, dass sie bei sich selbst angefangen hat. Liegt es daran, dass wir in Blau, im Piloten, zuerst die Informationen betrachten, deren Quelle wir als besonders zuverlässig ansehen? Oder daran, dass wir immer wieder darauf hingewiesen werden, dass es bedeutend leichter ist, das eigene Verhalten zu ändern als das von anderen? „Wohl an beidem", sagt sich Corinna und macht weiter:

- Ich habe eine schnelle Lösung gesucht und sofort an Bernd gedacht, weil ich ihn als nett und zugänglich kenne. Ob er das notwendige Wissen und die Erfahrung für diese Aufgabe hat, habe ich nicht betrachtet.

Corinna ist über diesen Gedanken selbst erschrocken. Schon wieder ein Missgriff. Sie hätte nicht nur danach entscheiden sollen, dass sie Bernd als nett und leicht zu überzeugen einstuft. „Habe ich die Aufgabe einfach nur abgeschoben?" fragt sie sich jetzt. Alexandra registriert, dass Corinna mit sich unzufrieden wird und beginnt, ihr eigenes Verhalten kritisch zu sehen: „Es geht nicht darum, dass Du Dich jetzt schuldig fühlst. Du machst das, damit Du die Situation klarer siehst und mögliche Fehler erkennst. Außerdem kommen ja noch drei Teammitglieder", ermuntert sie ihre Mitarbeiterin.

- Ich stand unter Zeitdruck und brauchte Freiraum für meine wichtigeren und genauso dringlichen Aufgaben.
- Ich habe Bernd gegenüber die Aufgabe klar formuliert. Doch ich habe mich nicht durch Rückfragen davon überzeugt, ob Bernd wirklich weiß, was er zu tun hat.

Das Blatt füllt sich langsam. Alexandra nickt aufmunternd und Corinna fallen immer neue Aspekte auf. Nachdenklich notiert sie:

- Nachdem Bernd die Aufgabe – aus jetziger Sicht widerwillig – übernommen hatte, erklärte er, dass er selbst keine Zeit habe und die Aufstellung seiner Assistentin Bettina übergeben werde. Ich habe das einfach hingenommen und mich mit allgemeinen Versprechungen zufriedengegeben.

Wieder nickt Alexandra Corinna zu.

- Ich hätte gemeinsam mit Bernd zu Bettina gehen und die Übernahme dieser Aufgabe direkt besprechen können. Das hätte nur zehn Minuten beansprucht und die Situation eindeutig geklärt und die Auswertung wäre sauber delegiert gewesen.

Corinna wirkt jetzt weniger nachdenklich, eher schuldbewusst. Alexandra befürchtet, dass ihre Mitarbeiterin in Grün, ins Balanceprogramm, kommt, und nicht mehr sachlich bleibt: „Nur die Fakten zählen für Dein Blau, Corinna. Das ist keine Abrechnung mit Dir selbst. Hier geht es ausschließlich um sachliche Reflexion." Corinna sammelt sich wieder und ergänzt noch einen Punkt:

- Ich habe die Situation nicht ausreichend geklärt und dadurch die Aufgabe nicht eindeutig und unmissverständlich delegiert.

Nach einer kurzen Denkpause ist Corinna mit ihrer Analyse zufrieden und schaut erwartungsvoll auf ihre Chefin: „Okay, meine blaue Seite hat jetzt wohl alles zum Thema gesagt. Wie geht es jetzt weiter?" Alexandra nickt zustimmend: „Prima. Das nenne ich sachliche Einsicht im Piloten. Doch jetzt muss auch Deine Gefühlsebene zu Wort kommen. Nehmen wir also Blau weg. Was sagt Deine gelbe Facette, das Stimulanzprogramm, zum Geschehen?" Mit diesen Worten stellt Alexandra die gelbe Figur in den Mittelpunkt, rückt die blaue nach hinten und gibt Corinna ein neues, leeres Blatt. Corinna muss umdenken – besser gesagt: Sie muss aufhören nachzudenken und ihren Autopiloten einschalten.

Gelb. „Wie sieht mein Stimulanzprogramm diese Angelegenheit? Was sagen meine entspannte Gelassenheit, meine Kontaktfreude oder mein Spaß an der Arbeit?" Corinna schließt kurz die Augen und sucht ihre gelbe innere Stimme – Dann sprudelt es:

- Nun, am Ende ist alles gut gegangen. Alles halb so schlimm.
- Lassen wir mal die Kirche im Dorf. Der Vorstand ist von der neuen Kampagne begeistert – auch wegen meiner exzellenten Vorarbeit. Wegen ein paar Zahlen zu den Reisekosten hätte es bestimmt kein Theater gegeben.
  Bernd ist eben ein Schlitzohr – irgendwie finde ich das schon cool.
- Mit Bettina habe ich jetzt ein noch besseres Verhältnis. Sie hat das toll gemacht und war auch die Beste für den Job.
- Außerdem hat sie anerkannt, dass ich viel auf dem Tisch habe und anspruchsvolle Projekte stemme. Das tut gut.
- Das nächste Mal gehe ich gleich zu Bettina!
- Und Controller sind Kummer gewohnt, was soll's. Der Hellmann hat zwar nichts mehr gesagt, aber bestimmt ist auch er jetzt froh, dass alles gut gelaufen ist.

Diesmal können Alexandra und Corinna gemeinsam lachen. Gelb tut gut.

„Und Grün – was sagt Dein Balanceprogramm dazu?", legt Alexandra wieder ein neues Blatt auf den Tisch, stellt nun diese Figur direkt vor Corinna und rückt die gelbe Figur wieder in den Hintergrund. „Grün – Beziehungen sind wichtig, Einklang und Harmonie mit anderen, Vertrauen, ein gutes Gewissen, Verständnis für andere", führt sich Corinna jetzt vor Augen. Nach einer kleinen Pause notiert sie dann:

- Bernd hat mir bisher immer geholfen, ist ein netter Kollege und hat mich mit eingestellt.
- Ich bin ihm ehrlich dankbar.
- Ich habe Bernd überfallen, er hat schließlich auch das Recht auf seinen Feierabend, er ist schließlich unter der Woche viel unterwegs.
- Er hat allerdings auch mein Vertrauen missbraucht. Ich habe mich auf ihn verlassen, er wusste, dass ich in Bedrängnis war.
- Ich bin enttäuscht und beleidigt, weil er mich im Stich gelassen hat.
- Schließlich hat er daran, dass Bettina mich gerettet hat, keinerlei Anteil.

„Aha, das sind ja wieder ganz neue Aspekte, eine völlig andere Sicht." Mit diesen Worten rückt Alexandra die letzte verbleibende Figur in den Mittelpunkt – Rot. „Was sagt Dein Dominanzprogramm dazu?" Corinna schaut auf das nächste unbeschriebene Blatt und fokussiert sich: „pragmatisch, ergebnis-, lösungs- und handlungsorientiert. Machtbewusst, auf Autonomie und Kontrolle bedacht. Nun gut", sagt sie zu sich selbst und beginnt zügig zu notieren:

- Ich habe klare und vor allem die richtigen Prioritäten gesetzt.
- Wer eine Aufgabe übernimmt, ist in der Pflicht, diese zu erfüllen. Diese Pflicht hat Bernd verletzt.
- Bettina wäre einfach nach Hause gegangen, wenn ich sie nicht angesprochen hätte. Sie hatte die Möglichkeit, mich mobil zu erreichen und zu informieren.
- Bettinas Verhalten war gleichgültig und verantwortungslos. Unter dem Strich wiegt ihre Unterstützung das allerdings auf.
- In unserem Unternehmen gibt es zu viel Bürokratie. Das ist hinderlich und erschwert produktive Aufgaben, mit denen das Unternehmen Geld verdient.
- Das Controlling muss sich endlich als Dienstleister verstehen. Wenn Auswertungen so wichtig sind, dann bitte gleich selbst erledigen. Solange, bis Systeme wie CRM diese Arbeiten überflüssig machen.

Als Corinna den Stift entschlossen weglegt, müssen beide lachen und Alexandra schließt: „Das musste alles endlich mal gesagt werden, oder?"

So stark in Rot, so dominant, wie bei dieser Übung, diesem Rollen-spiel mit sich selbst, hatte Alexandra Corinna bisher noch nie erlebt. Sie musste sofort an die Episode in William Marstons „Emotions of Normal People" (Marston, 1928) denken, in der er berichtet, wie seine Mutter ihm einmal ihr Rot „geborgt" hatte. Ja, Corinna hatte sich in den letzten Minuten ihre Dominanz bei sich selbst geborgt – und eine kleine rote Holzfigur hatte ihr dabei geholfen. „Und nun?" fragt Corinna – mehr sich selbst als Alexandra, „was ist nun die beste Reaktion in dieser Situation?" nachdem Alexandra jetzt alle vier Halma-Figuren wieder vor Corinna aufgebaut hat. „Frag doch einfach Deine Farben. Jede hat ja jetzt ihre Meinung gesagt", ermuntert Alexandra.

Corinna geht ihre sehr unterschiedlich ausgefallenen Notizen noch einmal durch. Manchen Aussagen stimmt sie auch jetzt noch zu, anderen weniger oder gar nicht. Gedankenverloren bewegt sie die vier Figuren. Blau steht im Zentrum, dicht vor ihr. Rot ein kleines Stück weiter entfernt, aber immer noch zentral. Dann folgt mit deutlichem Abstand Gelb. Grün steht weit weg, bleibt wohl diesmal außen vor. „Im Moment fühlt sich eine Kombination der blauen und der roten Beschreibung am besten an. Wobei ich Blau etwas stärker gewichten würde", sagt Corinna in erster Linie zu sich selbst. „Ich sehe nun, dass ich Fehler gemacht habe, vor allem aber, was ich hätte besser machen können. Ich sehe aber auch, dass ich gegenüber Bernd nicht einfach zur Tagesordnung übergehen kann. Ich werde allerdings auch keine große Sache daraus machen, mein Gelb beeinflusst dieses Fazit dann wohl auch", zieht Corinna ihr Resümee.

„Und was ist mit Deiner grünen Seite?" fragt Alexandra noch einer kurzen Pause. „Grün war ich heute Morgen. Verletzt, enttäuscht und beleidigt. Aber Rot war ich auch. Wütend. Ich wollte Bernd energisch zur Rede stellen und, falls er nicht einsichtig sein sollte, um ein Dreier-gespräch bei Dir bitten. Ich wollte erreichen, dass auch Du ihn dann anpfeifst. Kurz, die Sache größer machen, als ich sie jetzt sehe", gibt Corinna ganz offen zu.

Reflexion

Wenn wir verinnerlicht haben, was wir wollen, verbunden mit der tiefen Überzeugung davon, was wie zu tun ist, dann agieren wir automatisch in Rot, im Dominanzprogramm. Schon der leichteste Zweifel schwächt unser Rot ab. Wenn wir uns dann noch bewusst ein Hintertürchen offenlassen, ist der Weg in unser grünes Balanceprogramm schon vorgezeichnet. Beim geringsten Anzeichen eines Widerstandes verlässt uns der Mut und wir ziehen uns durch das grüne Hintertürchen zurück. In solchen Konstellationen ist deshalb unser Pilot gefragt. Ist die anstehende Entscheidung wichtig, bietet unser inneres PEK-Team einen einfachen und dabei wirksamen Weg, unseren Piloten zu aktivieren – und unsere Emotionen und Gefühle in die richtigen Bahnen zu lenken.

„Ein halbherziger roter Plan mit einem grünen Hintertürchen", bringt es Alexandra mit mildem Humor auf den Punkt und schließt die naheliegende Frage an: „Was wirst Du jetzt stattdessen tun?"

Corinna überfliegt noch einmal ihre blauen und roten Notizen und antwortet dann mit fester Stimme: „Ich werde Bernd ganz sachlich erklären, was ich nicht gut fand und in welche Schwierigkeiten er mich durch sein Verhalten gebracht hat. Es geht mir darum, dass er meine Sicht versteht. Ich werde eine Rechtfertigung weder verlangen noch zulassen. Stattdessen werden wir offen darüber sprechen, was wir beim nächsten Mal anders machen werden." Alexandra lehnt sich zufrieden zurück: „Klingt nach einem guten Plan. Du weißt jetzt ganz offensichtlich, was Du willst und was Du dafür tun musst, und ich bleibe in dieser Sache gerne außen vor."

„Danke Alexandra, das PEK-Team der vier farbigen Halma-Figuren ist eine Spitzenidee. Ich hätte nicht gedacht, dass es so einfach ist und doch so schnell so viel bringt. Im Grunde habe ich ja nicht nur die Situation in den vier Farben geschildert, die Verhaltensprogramme von Autopilot und Pilot repräsentieren. Im Stillen habe ich mich beim Durchgehen der Notizen auch immer gefragt, was die Farben mir vorschlagen. Was ihre Idee davon ist, was ich tun soll. So ist mein Plan entstanden, wie ich mit der Situation umgehe." – „Das war der Sinn dieser Übung", freut sich Alexandra über den Erfolg der gemeinsamen verlängerten Mittagspause: „Wir beide haben heute viel gelernt."

Reflexion

In diesem Beispiel haben wir die einfachste Anwendung des PEK-Teams kennengelernt: Die Situation, die reflektiert werden soll, wird aus der Sicht jedes der drei Programme des Autopiloten und des Piloten, repräsentiert durch die vier Farben betrachtet. Das ist auf jeden Fall ein wichtiger erster Schritt. Was Corinna unterschwellig gemacht hat, nämlich die Vorschläge der einzelnen Farben „abzufragen", hat sich bei komplexeren Entscheidungen bewährt. Auf Basis der unterschiedlichen Sichten und Bewertungen der Situation notieren Sie Handlungsvorschläge aus der Sicht von Blau, Grün, Gelb und Rot. Stellen Sie dann die farbigen Holzfiguren so, wie Sie selbst zu den Vorschlägen stehen. Achten Sie dabei auf Ihr Bauchgefühl.

2.6 Das schwierige Meeting

Darum geht es in dieser Episode

„Ergebnisoffene" Workshops oder Meetings sind nicht immer im Ergebnis offen. Zum Beispiel, wenn der Moderator sich unbewusst oder in bester Absicht zum Schiedsrichter macht, jeden Vorschlag kommentiert, wertet und im Zweifel verwirft, der nicht „konstruktiv", „positiv" oder „zielführend" ist. So wird Kreativität unmöglich und die Teilnehmer distanzieren sich, zumindest innerlich, von den Ergebnissen. Natürlich. Doch was tun Sie, wenn Sie einen Kollegen vertreten und feststellen, dass er ein wichtiges Projekt auf diese Weise gefährdet? Darum geht es hier. Und um eine alternative, auf PEK beruhende Moderationsmethode, die Ergebnisoffenheit gewährleistet und dafür sorgt, dass die Teilnehmer hinter den erreichten Ergebnissen stehen.

Als letzte Aktion vor ihrem viertägigen Kurzurlaub wird Alexandra heute das Meeting zum „Unternehmenswert Nachhaltigkeit" leiten. Sie springt kurzfristig für ihren plötzlich erkrankten Kollegen Lukas Fischer ein und ist deshalb nicht wirklich gut vorbereitet. Natürlich kennt sie das Projekt und war auch beim Kickoff-Meeting der Projektgruppe dabei. Damals hatte sie Carl Boldinger vertreten und weiß deshalb, dass das Thema für die Geschäftsleitung – und besonders Carl – sehr wichtig ist. Als Vertriebsleiterin war sie jedoch in der Folge so stark eingebunden, dass es ihr nicht möglich war, sich aktiv in die Projektarbeit einzubringen.

Das Projekt soll bald abgeschlossen sein, und so wird es in dem heutigen Meeting darum gehen, eine Kampagne zu gestalten, mit der die Ziele und Maßnahmen, die in den letzten Monaten erarbeitet wurden, allen Kollegen aus den unterschiedlichen Unternehmensbereichen nahegebracht werden. Alexandra hat sich gestern Abend noch die Protokolle der bisherigen Projektbesprechungen angeschaut. Dabei sind aus ihrer Sicht einige Fragen offengeblieben und manche Formulierungen sind eher schwammig. Dennoch ist sie sicher, dass die Gruppe gute Ansätze ausgearbeitet hat, denn schließlich kamen ihr allein schon auf dem Weg zum Meeting einige gute Ideen, wie die Nachhaltigkeit effektiv im Unternehmen kommuniziert werden könnte.

Sie ist ein paar Minuten zu spät, und im Besprechungsraum unterhalten sich die Mitarbeiter lebhaft. „Hallo, liebe Kollegen, ich leite heute eines der letzten Meetings unserer Gruppe, da Lukas Fischer kurzfristig erkrankt ist. Ich habe von ihm den Auftrag bekommen, dass wir die bisherigen Vorschläge abschließend diskutieren und entscheiden, wie Nachhaltigkeit im Unternehmen bekannt gemacht und dauerhaft verankert werden kann. Die Projektgruppe ‚Green tomorrow' hat – wie Ihr wisst – den Auftrag, unsere neuen Unternehmenswerte für unsere Kunden und Geschäftspartner transparent zu machen. Wir können uns also ganz auf den internen Bereich und die Mitarbeiter konzentrieren."

Heiko Schmitt, ein Kollege, der ihr durch engagierte, aber im Ton eher aggressive Diskussionsbeiträge in Erinnerung geblieben ist, ergreift sofort das Wort und sagt in scharfem, fast anklagendem Ton: „Ich bleibe dabei, dass diese Kampagne in der angedachten Form unsinnig ist. Unser Ansatz ist nicht glaubwürdig. Alle bisher besprochenen Maßnahmen sind nur Augenwischerei. Nachhaltigkeit ist definitiv etwas anderes. Das Projekt ist einfach nur lächerlich!" Nach diesem unvermittelten Einwurf verdrehen einige Kollegen die Augen – als wollten sie sagen: „Heiko, das hat doch keinen Sinn."

Lukas Fischer hatte Alexandra im Vorgespräch auf Heiko vorbereitet: „Mit seinen kritischen Kommentaren schießt er häufig über das Ziel hinaus", doch diese heftige Attacke überrascht sie jetzt doch. „Heiko, die bisher vorgeschlagenen Maßnahmen wurden in den letzten Wochen ausgiebig diskutiert. Auch dank Ihres Engagements. Das Thema ‚Nachhaltigkeit' als Ganzes steht jetzt nicht mehr zur Diskussion. Fatma, kannst Du für uns anhand der bisherigen Protokolle bitte einmal kurz zusammenfassen, wo wir stehen und was wir heute diskutieren wollen und entscheiden müssen?"

Fatma wirkt irritiert, sie hat wohl nicht erwartet, etwas sagen zu müssen, beginnt mit „Oh, ehm ja, letztes Mal." Sie wird sofort von Heiko unterbrochen: „Was soll denn der Schwachsinn? Wir haben überhaupt keine Ergebnisse. Diese Kampagne ist null und nichtig. Wir haben absolut noch keine Maßnahme formuliert, die das Etikett nachhaltig verdient hätte. Wir haben nichts, absolut nichts, was beschlossen, geschweige denn umgesetzt werden könnte! Wir machen uns lächerlich."

In der Zwischenzeit hat Fatma im Protokoll geblättert, sich dabei gesammelt und setzt jetzt die Beantwortung von Alexandras Frage mit immer sicherer werdender Stimme fort: „Bisher haben wir folgende konkrete Vorschläge diskutiert und festgehalten: Einführung ressourcenschonender Logistikkonzepte, Einsatz wiederverwendbarer Transportverpackungen…", doch Fatma wird sofort wieder von Heiko unterbrochen: „Ressourcenschonende Logistikkonzepte, dass ich nicht lache, das ist doch nur Blabla!"

Jetzt wird es Alexandra zu bunt und sie schneidet ihrerseits Heiko das Wort ab. „Heiko, nach meinem Kenntnisstand hast Du mehrfach die Gelegenheit genutzt, Deinen Standpunkt darzustellen. Über die einzelnen Maßnahmen hat diese Gruppe doch ausführlich disku…" Heiko lässt auch Alexandra nicht ausreden: „Woher willst Du das denn wissen, Du warst doch nicht dabei! Es gibt in diesem Unternehmen offenbar wichtigere Themen", wirft er ihr entgegen und lehnt sich mit verschränkten Armen steif auf seinem Stuhl zurück und schaut Alexandra dabei herausfordernd an.

Auch alle anderen Teilnehmer des Meetings schauen gespannt auf Alexandra. Der wird jetzt der Ernst dieser zugespitzten Situation bewusst. Sie antwortet nicht sofort, sondern lässt Heikos Vorwürfe ganz bewusst im Raum stehen. So gewinnt sie Zeit zum Nachdenken. Nach einer kurzen Pause geht sie zunächst auf die letzten beiden Sätze von Heiko ein: „In der Tat haben wir im Unternehmen nicht nur ein wichtiges Thema. Doch auch wenn ich nur beim Kickoff persönlich dabei war, so habe ich dank Fatmas ausführlicher Protokolle einen guten Überblick über Verlauf und Ergebnisse Eurer Meetings. Oder zweifelst Du die Protokolle an, Heiko?"

Jetzt richten sich alle Augen auf Heiko Schmitt. Er genießt die Aufmerksamkeit und entgegnet sichtlich beherrscht: „An Fatmas Protokollen habe ich nichts auszusetzen. Sie geben korrekt wieder, was besprochen wurde. Doch das, was wir nicht besprochen haben, was unser Vorturner Lukas Fischer immer wieder unterdrückt hat, das steht dort nicht." Nach diesen Worten lehnt sich Heiko wieder zurück, schaut kurz in die Runde und dann wieder herausfordernd auf Alexandra. Die besinnt sich kurz und fragt dann zurück: „Was genau willst Du damit sagen? Hast Du vielleicht einmal ein Beispiel für mich?"

Reflexion

Eine schwierige Situation. Alexandra hat nicht alle Informationen und will ihrem Kollegen nicht in den Rücken fallen. Doch sie übernimmt bewusst Verantwortung, und entschließt sich, im Piloten die Situation zu klären und erst dann zu entscheiden. Sie widersteht dem Reflex des Balanceprogramms, sich zu rechtfertigen bzw. zu verteidigen.

Heiko denkt kurz nach und antwortet: „Nun, Lukas Fischer hat Beiträge gewürdigt, die aus seiner Sicht positiv und konstruktiv waren. Kritische Fragen und Einwände hat er immer wieder abgebügelt. Jeder Zweifel, jede kritische Frage war für ihn sofort destruktive Miesmacherei. Damit hat er jede inhaltliche Diskussion im Keim erstickt. Nehmen wir nur das Beispiel ,ressourcenschonendes Firmenwagenkonzept'. Was steht denn dazu im Protokoll?"

„Dass wir bis zum Ende des Jahres alle unsere Firmen-Pkws auf reinen Elektroantrieb umrüsten", zitiert Alexandra das Protokoll und fragt ihrerseits: „Was stört Dich an dieser Formulierung?"– „Es fehlt jeder Hinweis auf die intensive Diskussion in unserer Gruppe. Vor allem fehlt meine kritische Anmerkung, dass unser Vertrieb und unser Kundendienst in fast allen europäischen Ländern agiert, und unsere Kollegen oft 600 bis 800 Tageskilometer absolvieren. Das übersteigt die Reichweite der heutigen E-Autos bei weitem. Außerdem dauert es noch mehrere Jahre, bis die Schnelllade-Infrastruktur europaweit steht. Deshalb haben wir Hybrid-Antriebe als Zwischenlösung vorgeschlagen. Doch Herr Fischer hat jegliche Diskussion dazu vom Tisch gewischt und behauptet, wir müssten als Unternehmen vorangehen und nicht kleinmütig denken. Das alles fehlt zum Beispiel ganz konkret im Protokoll", beendet Heiko seine engagierte und doch sehr sachlich vorgetragene Rede.

Reflexion

Alexandra agiert im Piloten. Sie vermeidet bewusst eine Eskalation der Situation durch sachliche, Nachdenken provozierende Fragen. Ihr Ziel ist es, die aufgeheizte Stimmung zu beruhigen und vor allem bei Heiko den Piloten zu aktivieren und so seine Beweggründe zu erfahren. Indem sie bewusst und wohl überlegt Fragen stellt, erfährt sie, was sie wissen muss, um vom Reagieren ins Agieren zu kommen. Denn, wer weiß, was er will und was er dafür tun muss, aktiviert automatisch sein Dominanzprogramm.

Alexandra hat aufmerksam zugehört. Heiko wirkt auf sie in diesem Moment absolut glaubwürdig. Dieser Eindruck wird noch dadurch verstärkt, dass die übrigen Teilnehmer der Besprechung nach Heikos Ansprache betroffen schweigen. Nach einer kleinen Pause wendet sich Alexandra an Fatma. „Fatma, Sie haben das Protokoll geschrieben. Können Sie sich an diese Diskussion erinnern? Und wenn ja, warum steht dazu nichts im Protokoll?"

Fatma wirkt ein wenig verlegen und schaut die anderen unsicher an. Heikos Blick weicht sie aus. „Nun, … Lukas Fischer hat stets genau gesagt, was ins Protokoll aufgenommen werden soll und was nicht. An diese Diskussion kann ich mich sehr gut erinnern. Lukas sagte damals, dass es zur Ladeinfrastruktur ehrgeizige Pläne und Zielvorgaben sowohl von der EU-Kommission als auch der Bundesregierung gäbe. Deshalb sehe er keinen triftigen Grund, warum wir als Unternehmen an der Einschätzung von EU-Kommission und Bundesregierung zweifeln sollten. Im Gegenteil, eine Entscheidung für E-Firmen-Pkws sei ein Schritt in die richtige Richtung und passe zu unserem Image als modernes, innovatives Unternehmen. Dann appellierte er noch an uns alle, wir sollten positiv denken und konstruktiv diskutieren. Heiko hatte danach noch einige Einwände, aber Lukas hat diese nicht gelten lassen und angeboten, Heiko könne das Projekt jederzeit verlassen. Danach hat sich Heiko zurückgezogen und wir anderen haben auch nichts mehr dazu gesagt."

Nachdem Fatma geendet hat, nicken die übrigen Kollegen bestätigend und schauen verlegen nach unten. Für einen Moment ist Alexandra sprachlos. Was sie hier erfährt, widerspricht eindeutig den Führungsgrundsätzen des Unternehmens. Auch wenn Lukas Fischer jetzt nicht anwesend ist und sich nicht äußern kann, in dieser Projektgruppe liegt offensichtlich einiges im Argen, und Alexandra muss jetzt handeln. Sie fragt sicherheitshalber noch einmal nach, ob diese Art der Diskussion einmalig war, oder ob es noch weitere ähnliche Situationen gegeben habe. Wie von ihr befürchtet, bestätigt ihr die Gruppe unisono, dass kritische Diskussionen meist in ähnlicher Weise abgewürgt wurden.

„Wenn das so ist, dann können wir nicht einfach zur Tagesordnung übergehen und über eine Kampagne zur internen Kommunikation sprechen", meint Alexandra schließlich und erhält auf diese im Grunde rhetorische Frage einhellige Zustimmung. „Wie bewertest Du denn die bisherigen Vorschläge insgesamt?"–„Es sind sicher einige sehr brauchbare Vorschläge dabei, doch gibt es auch weniger empfehlenswerte. Außerdem denke ich, dass wir bei einer offenen Diskussion noch weitere gute Ideen entwickeln könnten", antwortet Heiko für die Gruppe. Als auch Alexandras Frage, „Sehen Sie das genauso?" einstimmig mit Ja beantwortet wird, überlegt sie einige Sekunden.

Reflexion

Alexandra hat die Problemanalyse beendet. Jetzt steht sie vor einer schwerwiegenden Entscheidung. Sie hat drei Möglichkeiten:

1. das Meeting mit dem Sammeln und Diskutieren zusätzlicher Ideen fortsetzen,
2. das Meeting abbrechen, mit dem Hinweis darauf, die Situation müsse erst mit dem Projektleiter geklärt werden,
3. das Projekt zu übernehmen und damit den Projektleiter, einen Kollegen, auszubooten.

Die Zeit drängt, und sie kann niemanden um Rat fragen. Wie würden Sie entscheiden?

An einem der PEK-Praxistage hatte sie eine Moderationsmethode kennengelernt, bei der vier unterschiedliche Techniken, verbunden mit Fragenkatalogen, nacheinander zum Einsatz kommen. Die Techniken aktivieren bzw. unterstützen bei den Teilnehmern nacheinander zunächst die Programme Stimulanz und Balance, um zunächst Ideen zu sammeln, aber anschließend auch Zweifel und Bedenken zu hören. Wenn beides auf dem Tisch liegt, geht es darum, im Piloten alles zu diskutieren und zu gewichten. Den Abschluss bildet dann eine Technik zur Entscheidungsfindung im Dominanzprogramm. Sie selbst und auch die anderen Teilnehmenden des Praxistags waren von der Methode begeistert. Besonders positiv war Alexandra sowohl die konstruktive Atmosphäre während der Moderation als auch das Wir-gefühl bei der Präsentation der Ergebnisse in Erinnerung geblieben. Sie schaut auf ihre Uhr und fragt dann in die Runde: „Wir haben jetzt noch knapp zweieinhalb Stunden Zeit. Was halten Sie davon, wenn wir die Ideensammlung noch einmal aufnehmen und den Workshop unter Beachtung der bisherigen Ergebnisse neu starten?"

„Das hat aber nur Sinn, wenn wir jetzt wirklich offen diskutieren und auch Probleme ansprechen", stimmt Heiko bedingt zu. „Selbst-verständlich" nimmt Alexandra diesen Ball auf. „Damit dies unver-krampft gelingt, würde ich Euch gerne kurz die 360-Grad-Moderation vorstellen. Hierbei gibt es vier Phasen, in denen vier jeweils sehr unterschiedliche Moderations- und Kreativitätstechniken zum Ein-satz kommen. In der ersten Phase geht es darum, Ideen zu entwickeln, ohne diese sofort zu bewerten oder zu kritisieren. Keine Idee soll unter-drückt werden oder verlorengehen, Brainstorming also, wie es idealer-weise sein sollte. In der zweiten Phase kommen Bedenken, Zweifel, Kritikpunkte oder schlechte Erfahrungen zu Wort. In einer ‚Negativ-konferenz' werden alle möglichen Probleme, die im Zusammenhang mit den Vorschlägen aus Phase eins denkbar sind, erfasst. Auch hier gilt: Alle Gedanken, mögen sie auch noch so negativ oder auf den ersten Blick abwegig erscheinen, sind zugelassen. Nach diesen beiden eher emotionalen Phasen kann man daran gehen, in einem dritten Schritt Ideen und Bedenken sachlich zu betrachten. Jetzt geht es darum, zu diskutieren, welche Ansätze weiterverfolgt werden und welche Kritik begründet ist. Ein sachlich formulierter Fragenkatalog hilft dabei, analytische Distanz zu gewinnen und eine objektivere Grundhaltung einzunehmen. Hier ist Diskussion ausdrücklich gewünscht. Deshalb dauert diese dritte Phase deutlich länger als die ersten beiden zusammen. In der vierten und letzten Phase der Moderation geht es um Ergebnisorientierung im Konsens. Die Grundlage dafür wurde in den ersten drei Phasen geschaffen. Es ist alles gesagt und diskutiert, alle Für und Wider sind abgewogen, die Entscheidung wird in der Gruppe getroffen. Aktionspläne werden formuliert und das weitere Vorgehen wird festgehalten. In der heute verbleibenden Zeit könnten wir die beiden ersten Phasen, also Ideenfindung und ‚Negativkonferenz' durchführen. Die auf dem Flipchart festgehaltenen Ergebnisse können wir digital verteilen, zusammen mit einer ausführlichen Erläuterung der Phasen drei und vier. Das wäre dann eine gute Grundlage, um unser Meeting nach meinem Urlaub fortzusetzen und im Konsens fundierte Vorschläge zum ‚Unternehmenswert Nachhaltigkeit' sowie für dessen interne Kommunikation zu entwickeln. Ich weiß, dass ich Sie mit meinem Vorschlag überfalle, doch ich verspreche Ihnen eine spannende Erfahrung und vor allem tragfähige Ergebnisse, wenn Sie sich darauf einlassen", schließt Alexandra ihre Ansprache. Dann schaut sie in die Runde und lässt der Gruppe Zeit, den Vorschlag auf sich wirken zu lassen.

Reflexion

Alexandra hat eine mutige Entscheidung getroffen, bei der sich erst noch herausstellen muss, ob sie richtig ist. Zumindest für dieses Meeting und dieses Projektteam wirkt sich ihre Entscheidung positiv aus. Die anfängliche, teils gereizte, teils apathische Stimmung ist in positive Energie umgeschlagen. Das ist Alexandras umsichtiger und zugleich energischer Gesprächsführung zu verdanken.

Es ist Alexandra gelungen, die Schlüsselfigur, Heiko Schmitt, auf ihre Seite zu ziehen und durch Einbeziehung auch der übrigen Teilnehmer zu gewinnen. Sie hat so innerhalb weniger Minuten aus Betroffenen motivierte und engagierte Beteiligte gemacht. Das Team öffnet sich für eine neue, unbekannte Moderationsmethode, obwohl dies mit mehr Aufwand für jeden Einzelnen verbunden ist.

Als erster meldet sich Heiko Schmidt zu Wort: „Nach allem, was wir bisher erlebt haben, klingt Ihr Vorschlag wie eine gute Idee. Wenn Du wirklich meinst, was Du gesagt hast, insbesondere zum Zulassen von Bedenken und Kritik, dann bin ich für meinen Teil einverstanden. Doch wie ist das mit Euch?", wendet er sich an die anderen Kollegen. So direkt aufgefordert, ergreift Fatma das Wort und fragt genau nach: „Wenn ich Dich richtig verstanden habe, Alexandra, dann haben wir heute und beim nächsten Mal statt eines Protokolls, bei dem der Diskussionsleiter entscheidet, was aufgeschrieben wird und was nicht, eine vollständige Dokumentation aller Vorschläge, Fragen und Einwände, die sich während des Meetings ergeben." Nach einem verstärkenden „Ist das so?" schaut sie Alexandra erwartungsvoll an.

Diese macht ganz bewusst eine Pause, in der sie mit jedem Teilnehmer des Meetings Blickkontakt sucht und bestätigt dann, dass sowohl Heiko als auch Fatma sie genau richtig verstanden haben: „Kreative Ideen entstehen nur in einer Atmosphäre von Offenheit und Vertrauen. Offenheit heißt auch und vor allem Ergebnisoffenheit. Nur so können wir erwarten, dass unsere Vorschläge vom Vorstand akzeptiert werden – was nicht gleichbedeutend damit ist, dass diese kritiklos umgesetzt werden. Aber der Vorstand wird unsere Vorschläge ernst nehmen und diskutieren. Und wenn dort andere Schwerpunkte gesetzt werden, dann bekommen wir dafür eine nachvollziehbare Erklärung."

Nachdem die Runde einhellig Zustimmung zu dem von Alexandra vorgeschlagenen Procedere signalisiert, startet diese die erste Phase der 360-Grad-Moderation, das ungehinderte, kreative Brainstorming, unterstützt durch die sogenannte Osborne-Shortlist, (Lautenbacher, 2011) einer Liste von Fragen, welche die Fantasie anregen und dabei helfen, aus schon vorhandenen Ideen neue zu generieren. Natürlich fließen auch die bereits in den vorangegangenen Meetings entwickelten Vorschläge als Ausgangsbasis und Anregung zugleich in diese erste Phase ein. Auch wenn schnell einige neue Ideen notiert werden können, zeigt sich doch, wie anregend und nützlich die Osborne-Shortlist ist, wenn es darum geht, wieder frischen Wind in ein zäher werdendes Brainstorming zu bringen. Es dauert keine fünfzehn Minuten und es sind fünf neue Flipchart-Blätter mit zusätzlichen Ideen beschrieben.

Auch wenn es für die Teilnehmer anfangs ungewohnt war, haben alle sich schnell daran gewöhnt, Ideen kritik- und kommentarlos einfach aufzuschreiben. Einzig Verständnisfragen und Bitten um genauere Formulierungen sind zugelassen.

Die **Osborne-Shortlist „positiv":** Fragen zum Generieren neuer Ideen aus bereits bestehenden

- Was ist ähnlich?
- Was könnte man noch damit machen?
- Was ließe sich anpassen?
- Was würde ich verändern?
- Was wäre eine Übertreibung?
- Was würde ich weglassen?
- Was würde mir besser gefallen?
- Was wäre das glatte Gegenteil?
- Was ließe sich damit kombinieren?

Zur Vorbereitung des nächsten Schrittes, der Negativkonferenz, werden die Ideen nach Themen sortiert und mehrfache Nennungen zusammengefasst. Übrig bleibt die stolze Zahl von 43 ausformulierten Ideen und Ansätzen zum Thema Nachhaltigkeit.

Nach einer kleinen Pause geht es dann mit Spannung und Elan weiter in die für die Teilnehmer ungewohnte und bisher im Unternehmen noch nicht praktizierte Negativkonferenz. Zur besseren Übersichtlichkeit schlägt Alexandra vor, zwei Flipcharts zu benutzen. Eines für allgemeine, übergreifende Bedenken, Sorgen und negative Erfahrungen. Das zweite Flipchart ist für die Einzelkritik der bisher entwickelten Ideen gedacht. Wieder projiziert Alexandra eine Osborne-Shortlist auf die Leinwand, diesmal aber mit Fragen, die darauf zielen, Sorgen und Bedenken zu wecken.

Die **Osborne-Shortlist „negativ":** Fragen zum Generieren neuer Ideen aus bereits bestehenden

- Was ist ähnlich?
- Was könnte noch passieren?
- Was würde ich verändern?

- Was wäre eine Untertreibung?
- Was wäre eine Übertreibung?
- Was würde ich hinzufügen?
- Was würde mir noch weniger gefallen?
- Was wäre das glatte Gegenteil?
- Was könnte zusätzlich passieren?

Für die übergreifenden Bedenken reichen zwei Flipchart-Blätter aus. Notiert werden Themen wie beispielsweise „beschränkte finanzielle Ressourcen", „Angst vor Veränderung" oder „Statusdenken". Die einzelnen Bedenken werden durchnummeriert, damit man sie einfach für die jetzt folgende und mit Spannung erwartete Einzelkritik der bisher entwickelten Vorschläge nutzen kann: Statt der gesamten Formulierung muss nur die jeweilige Nummer notiert werden. Jeder Vorschlag wird einzeln auf ein Flipchart-Blatt geschrieben, und danach beginnt das negative Brainstorming: Warum kann das nicht funktionieren? Was spricht dagegen? Welche negativen Erfahrungen gibt es bereits dazu? In den meisten Fällen ist auf einem Blatt Raum für die Kritik an zwei oder gar drei Vorschlägen.

Nachdem alle Beteiligten das Prinzip verstanden haben und die Atmosphäre durch Alexandras Moderation so offen ist, dass sich jeder ohne Zögern klar äußern kann, dauert es nur knapp eineinhalb Stunden und alle Punkte sind notiert. Genau wie vorher die Ideensammlung, so werden auch alle Charts mit den Sorgen, Bedenken und Kritikpunkten digital fotografiert und auf dem Server im Ordner „Projekt Unternehmenswert Nachhaltigkeit" als Datei hinterlegt.

Die ursprünglich für dieses Meeting eingeplante Zeit reicht aus, um sowohl neue Ideen als auch mögliche Kritikpunkte daran zu entwickeln und unkompliziert zu dokumentieren. Für den auf Alexandras Urlaub folgenden Dienstag, 14 Uhr, wird dann das Folgemeeting terminiert. Geplant sind vier Stunden, in denen auf Basis der heute geschaffenen Grundlage alle Ideen sachlich beleuchtet und kritisch hinsichtlich Chancen und Risiken, Wichtigkeit, Umsetzbarkeit und offenen Fragen bewertet werden. Als Ausblick stellt Alexandra per Beamer schon einmal den hierfür nützlichen Fragenkatalog vor.

Fragen-Katalog zur Evaluierung und Verbesserung bestehender Ideen:

- Welche Vorschläge scheiden aus (nicht tragfähig, nicht konsensfähig)?
- Welche Vorschläge erscheinen tragfähig?
- Bewertung dieser Vorschläge – Risiken vs. Chancen.
- Was könnte verbessert werden?
- Was wird zur Umsetzung benötigt?
- Was muss noch diskutiert werden?
- Was muss noch geprüft werden?
- Welche Fragen bleiben offen?

Zufrieden, motiviert und voller Vorfreude auf das nächste Meeting verabschieden sich alle, und Alexandra erhält besonders herzliche Wünsche für einen schönen Urlaub.

Doch mit ihren Gedanken ist Alexandra noch nicht beim Urlaub. Klar, das heutige Meeting war ein voller Erfolg. Doch ihre heute getroffene Entscheidung, die sie auch jetzt im Nachhinein noch für absolut richtig und gerechtfertigt hält, zieht natürlich Konsequenzen nach sich. Dass jetzt ein zusätzliches Meeting notwendig ist, fällt dabei am wenigsten ins Gewicht, schließlich gibt es aus ihrer Sicht gute, nachvollziehbare Gründe dafür. Schwerer wiegt, dass sie Lukas Fischer praktisch die Projektleitung entzogen hat. Auch zu dieser Entscheidung steht Alexandra nach wie vor. Doch es ist ihr bewusst, dass nicht nur Lukas Fischer fragen wird, warum sie unter den gegebenen Umständen das Meeting beispielsweise nicht einfach abgebrochen und vertagt hat. Dann hätte die Möglichkeit bestanden, die aufgeworfenen Probleme mit Lukas Fischer zu besprechen und danach über das weitere Vorgehen zu entscheiden.

„Habe ich meine Kompetenzen überschritten? Kann man mir unkollegiales Verhalten vorwerfen?", plagen Alexandra nun doch erste Zweifel. „Könnte nicht jemand fragen, ob Führungskräfte nicht zusammenhalten müssen, weil sonst die Autorität der Führung insgesamt untergraben wird? Ermuntert das nicht die Mitarbeiter zu einem ‚Teile und herrsche' von unten? Muss ich mich auf solche Vorwürfe einstellen?", fragt sie sich. Doch das wäre eine Grundsatzdebatte, der sie gelassen entgegensehen würde. Dessen ist sich Alexandra sicher.

Lukas Fischer ist ein junger, ehrgeiziger Teamleiter aus dem Kundendienst. Er hat sich für das Projekt „Unternehmenswert Nachhaltigkeit" zwar in Abstimmung mit seinem Abteilungsleiter, doch auf eigene Initiative direkt auf die Ausschreibung des Vorstands beworben und ist auch direkt vom Vorstand als Projektleiter benannt worden. Das weiß Alexandra aus ihren Gesprächen mit Lukas Fischer. Deshalb erscheint es ihr jetzt logisch und gerechtfertigt, dass sie sich mit ihrem Problem direkt an Carl, den Vorstandsvorsitzenden, wendet.

Alexandra verschwendet keine Zeit. Sie hat Glück und erreicht Carl Boldinger auf seinem Mobiltelefon im Auto. Da er nicht selbst fährt, kann sie ihm die Ereignisse des heutigen Tages ausführlich schildern. Nachdem Alexandra geendet hat, fragt er noch einmal explizit nach: „Du siehst es also als erwiesen an, dass Lukas Fischer mehrfach und bewusst kritische Meinungen in der Diskussion und auch im Protokoll unterdrückt hat?" Als Alexandra ihm das genauso bestätigt, bittet er sie, ihm die Kopien der Protokolle sowie eine kurze Zusammen-fassung dessen, was sie ihm soeben am Telefon mitgeteilt hat, per Mail zukommen zu lassen. Auf dieser Grundlage, so sichert ihr Carl zu, wird er mit Lukas Fischer sprechen, sobald er wieder gesund ist. So, wie er den jungen Mann bisher kennengelernt hat, erwartet er ein offenes, ehr-liches und auch selbstkritisches Gespräch.

Reflexion

Als erfahrener Manager widersteht Carl der Versuchung, sich spontan fest-zulegen, nachdem er eine Seite gehört hat. Seine moderate Reaktion lässt zwar darauf schließen, dass er bereit ist, Alexandras Argumentation zu folgen. Doch er zwingt sich zum Nachfragen und damit zum Nachdenken. Es besteht in diesem Fall keinerlei Zeitdruck. Dies gibt ihm die Möglich-keit, gemäß „bevor ich etwas entscheide, will ich alles klären und ver-stehen", also im Piloten zu bewerten und dann zu entscheiden.

„Fahr jetzt in Deinen wohlverdienten Urlaub. Wenn Du zurück bist, besprechen wir das Thema noch einmal in Ruhe mit Lukas Fischer. Jetzt ist es natürlich sehr wichtig, dass Ihr bei dem von Dir für nächste Woche angesetzten Meeting praktikable Ideen entwickelt." – „Heißt das, ich habe einen Fehler gemacht?" fragt Alexandra direkt. „Das heißt es nicht. Doch Deine Frage lässt sich erst nach den Gesprächen mit Lukas Fischer eindeutig beantworten. Auf jeden Fall hast Du eine weitreichende Entscheidung getroffen, nämlich einen Projektleiter de facto abzusetzen. Und Du hast mit der Übernahme der Projektleitung Verantwortung übernommen. Das sehe ich zunächst positiv. Die einzig kritische Frage ist die, ob Du mit Deinen Entscheidungen die Verhältnismäßigkeit gewahrt hast, sprich, ob Dein Eingriff in die Kompetenzen eines Projektleiters durch übergeordnete Interessen des Unternehmens ausreichend gerechtfertigt ist", antwortet er ihr sehr sachlich. Doch Alexandra bohrt weiter: „Verhältnismäßigkeit ist ein ziemlich schwammiger Begriff. Wer entscheidet darüber?"– „Mach Dir darüber bitte jetzt keine Gedanken. Damit änderst du nichts. Sorge dafür, dass das Projekt jetzt ein Erfolg wird. Du weißt ja, ‚Erfolg schlägt jedes Argument'. Vielleicht ist ja Deine 360-Grad-Moderation eine Methode, die wir in Zukunft generell bei ergebnisoffenen Workshops einsetzen. Auf jeden Fall musst Du mir diese Methode einmal ausführlich erklären. So, bereite jetzt alles für Deinen Urlaub vor. Also, gute Reise und bis nächste Woche!" Mit diesen Worten verabschiedet sich Carl. Alexandra ordnet nachdenklich ihren Schreibtisch, fährt den PC herunter und verlässt dann ihr Büro. Sie fühlt sich durch das Gespräch mit Carl eher bestätigt als verunsichert. Doch, das Telefonat hat ihr gutgetan.

> **Reflexion**
>
> „Der Erfolg schlägt jedes Argument" ist ein geflügeltes Wort und trotzdem keine Phrase. Diese Erfahrung ist allgemein gültig, ob in der Geschichte oder im Sport. Umgekehrt gilt: „Wer keinen Erfolg hat, dem nützt es auch nichts, dass er alles richtig gemacht hat."

Eine Führungskraft kann nur versuchen, dieses Dilemma aktiv und bewusst anzugehen: Eine Entscheidung, die „ansteht", muss getroffen werden. „Ansteht" schreiben wir deshalb, weil dies streng genommen immer eine Entscheidung ist, die der eigentlichen vorausgeht. „Zu wenig Zeit" ist wie jedes andere Argument keine Entschuldigung für einen Misserfolg.

Fünf Tage später, 7 Uhr. Es ist Alexandras erster Tag nach ihrem Kurzurlaub. Per Mail hatte sie diesen Termin mit Carls Assistentin noch am Morgen ihrer Abreise vereinbart. Sie will wissen, woran sie ist, wie die Unternehmensleitung ihre Entscheidungen bewertet.

Mit „Du hast es aber sehr eilig" und einem freundlichen Lächeln wird sie von Carl empfangen. Sie erfährt, dass sein Gespräch mit Lukas Fischer sehr ehrlich, offen und vor allem selbstkritisch war, ganz wie Carl es erwartet hatte. Der ehrgeizige junge Mann war aus falsch verstandenem „vorauseilendem Gehorsam" weit über das Ziel hinausgeschossen und hatte das schließlich auch eingesehen. Deshalb war er auch schweren Herzens damit einverstanden, dass das nächste und wahrscheinlich abschließende Projektmeeting „Nachhaltigkeit" ohne ihn stattfindet. „Also habe ich alles richtig gemacht", schlussfolgert Alexandra. „Zumindest hast Du keinen Fehler gemacht", gibt ihr Carl eingeschränkt Recht: „Solche Situationen wie diese sind Einzelfallentscheidungen, die verantwortungsbewusst und mit Fingerspitzengefühl behandelt werden müssen. Die Alternative, das Projektmeeting abzubrechen und zu vertagen, hätte auch mir nicht behagt. Was aber nicht heißt, dass das ein schwerwiegender Fehler gewesen wäre. Verstehst Du, was ich dir damit sage?" „Vielleicht", antwortet Alexandra, „die Frage, was richtig und was falsch ist, lässt sich weder philosophisch noch im wahren Leben vorher beantworten. Man ist immer erst hinterher schlauer. Ist es das?"

„Ja, aber das ist nur der erste Teil. Das von Dir beschriebene Dilemma macht die Bedeutung und die Schwierigkeit von Führung aus. Wir müssen den Mut haben, Entscheidungen zu treffen und die Verantwortung dafür zu übernehmen. Obwohl wir wissen, dass sich Richtig oder Falsch immer erst im Nachhinein herausstellen. Und so gesehen, hast Du diesmal alles richtig gemacht. Du hast verantwortungsvoll und nach bestem Wissen und Gewissen entschieden. Das ist es, was aus meiner Sicht eine gute Führungskraft ausmacht." Als Alexandra nach diesem Lob über das ganze Gesicht strahlt, verabschiedet Carl sie mit den Worten: „Das ist aber jetzt kein Grund abzuheben, junge Dame. Viel Glück für das Meeting morgen. Das ist jetzt wichtig."

Einen Tag später, am Dienstag um 14 Uhr, ist das Projektteam „Nachhaltigkeit" pünktlich und vollständig versammelt und alle sind gespannt, wie es jetzt weitergeht. Per Beamer haben alle den „Fragenkatalog zur Evaluierung und Verbesserung bestehender Ideen" vor Augen. Moderiert von Alexandra werden jetzt alle 43 im letzten Meeting entwickelten und gleichzeitig kritisierten Ideen einzeln nacheinander besprochen und diskutiert. Auf diese Weise erhält jede Idee eine im Konsens getroffene Bewertung mit möglichen Chancen und Risiken und daraus abgeleitet die Einschätzung, ob der Vorschlag tragfähig erscheint oder zunächst nicht. Bei den Vorschlägen, die weiterverfolgt werden sollen, werden mögliche Verbesserungen eingearbeitet und notiert, wie die Umsetzung aussehen könnte. Falls die Gruppe noch offene Fragen oder weiteren Diskussionsbedarf hat, so wird auch das diskutiert. Die Zeit vergeht wie im Flug und als nach dieser Phase der Moderation noch 22 ausführlich dokumentierte Vorschläge übrig sind, stellt die Gruppe erstaunt fest, dass sie drei Stunden fast ohne Pause intensiv diskutiert und gearbeitet hat. Es ist alles gesagt und diskutiert, jeder ist zu Wort gekommen, das Für und Wider jedes Vorschlags wurde gemeinsam gegeneinander abgewogen. Als Alexandra jetzt eine Matrix mit vier Quadranten auf die Leinwand projiziert (Abb. 2.1), ist allen Beteiligten schnell klar, wie es weitergehen wird, und dass sie auf der von ihnen selbst geschaffenen soliden Grundlage sehr schnell zu einer Priorisierung und vor allem Festlegung des weiteren Vorgehens kommen würden.

Jeder der 22 verbliebenen Vorschläge wird nun zügig sowohl hinsichtlich der von der Gruppe eingeschätzten Wichtigkeit als auch der erwarteten Umsetzbarkeit bewertet und so jeweils einem der vier Quadranten der Matrix zugeordnet. Für die Ideen, welche die Gruppe im ersten Quadranten sieht, werden anschließend mögliche Verantwortlichkeiten und Termine beschlossen. Für die Ideen des zweiten Quadranten gibt es zusätzlich einen Vorschlag für das weitere Vorgehen bezüglich der noch offenen oder zu klärenden Themen. Hierfür benötigt die Gruppe knapp eine dreiviertel Stunde. Alle Ergebnisse werden per Digitalkamera erfasst, und Fatma verspricht, dass alle am nächsten Morgen eine vollständige Dokumentation der

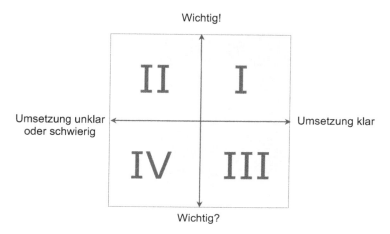

Abb. 2.1 Prioritätenmatrix 360-Grad-Moderation

Arbeitsergebnisse per Mail erhalten. Vier Stunden intensiver Arbeit haben sich gelohnt. Da sind sich alle Beteiligten einig.

Literatur

Häusel, H-G. (2008). *Neuromarketing. Erkenntnisse der Hirnforschung für Markenführung, Werbung und Verkauf.* Haufe-Lexware.

Lautenbacher, T. H. (2011). *Die Entwicklung von Geschäftsideen. Ein Leitfaden zur systematischen Erzeugung, Bewertung und Auswahl von Ideen für neue Geschäftsfelder im Rahmen des Internal Corporate Venturing.* VDM.

Marston, W. M. (1928). *Emotions of normal people.* Kegan Paul, Trench, Trübner & Co.

Schulz von Thun, F. (1998). *Miteinander reden: 3. Das „Innere Team" und situationsgerechte Kommunikation.* Rowohlt.

3

Die 360-Grad-Moderation kompakt

Zusammenfassung Damit Sie Ihre nächste Ideenentwicklung oder einen Workshop zur Problemlösung gut und schnell vorbereiten können, finden Sie die wesentlichen Ideen und Elemente der 360-Grad-Moderation hier noch einmal übersichtlich zusammengefasst.

> **These** Jeder Mensch ist zu kreativen Leistungen fähig. Doch man kann sie nicht verordnen oder gar erzwingen. Man kann aber die richtigen Voraussetzungen für Kreativität schaffen.

Der Begriff Kreativität stammt aus dem Lateinischen. Da ist zunächst creare, was so viel bedeutet wie „neu schöpfen, erfinden, erzeugen, herstellen", aber auch „auswählen" heißen kann. Als weitere Wurzel gilt crescere: „geschehen, wachsen". Mit etwas Fantasie führt das zu einer dualen Sicht auf Kreativität: Sie braucht sowohl aktives Tun als auch passives Geschehen lassen!

Wir haben unterschiedliche Definitionen des Begriffs Kreativität aus dieser dualen Sicht betrachtet und diesen dann durch die folgenden sechs Elemente beschrieben:

© Springer Fachmedien Wiesbaden GmbH, ein Teil von Springer Nature 2023
W. Schneiderheinze und C. Zotta, *Ganz einfach kommunizieren*,
https://doi.org/10.1007/978-3-658-41271-5_3

- Flüssigkeit (viele Ideen in kurzer Zeit)
- Flexibilität (gewohnte Wege verlassen; neue Sicht)
- Problemsensitivität (Probleme erkennen und beschreiben)
- Redefinition (Bekanntes neu verwenden, improvisieren)
- Elaboration (Ideen an Realität anpassen)
- Ergebnisorientierung (Konsens, Aktionsplan, Ausblick)

Die im vorangegangenen Kapitel durch Alexandra kurz beschriebene sogenannte 360°-Moderation basiert auf vier Phasen, die unterschiedliche Verhaltensprogramme bei den Beteiligten ansprechen oder sogar wecken.

- **Phase 1:** Methode „Stimulanz" für Spaß und Querdenken. Es sind alle Gedanken und Assoziationen zugelassen, nichts wird sofort auf Relevanz und Nutzen geprüft.
  Dieses Vorgehen unterstützt **Flüssigkeit,** das heißt das Generieren von vielen Ideen in kurzer Zeit, und **Flexibilität,** da die Teilnehmer ausdrücklich ermuntert werden, gewohnte Wege zu verlassen und neue Sichten auszuprobieren. Vor allem Letzteres wird durch die Osborne-Shortlist „positiv" unterstützt, vor allem aber werden die Teilnehmer zur **Redefinition** angeregt und ermuntert, indem sie vorhandene Ideen neu verwenden oder verändern.
- **Phase 2:** Umkehrung des klassischen Brainstormings – nicht Lösungen, sondern Probleme stehen bei Methode „Balance" im Mittelpunkt. Alle Ängste, Bedenken und negative Erfahrungen sind zugelassen, ja sogar erwünscht. Alles Bisherige kann infrage gestellt werden.
  Durch die Osborne-Shortlist „negativ" wird unterstrichen, dass jetzt **Problemsensitivität** erwünscht ist und gefördert wird. Im Gegensatz zur Osborne-Shortlist „positiv", die durch ihre Fragen die Fantasie anregt, ist die hier verwendete Fragenliste dazu angetan, sich zu Ängsten, Sorgen und Problemen zu bekennen.
  In diesen beiden ersten Phasen der Moderation geht es vor allem darum, die oft immer noch als klassisch etikettierten Emotionen zu wecken und ihnen freien Lauf zu lassen. Schließlich gehören überschwängliche Ideen und rational nicht immer sofort begründbare

Ängste zur menschlichen Natur. Nach diesem „emotionalen Austoben" fällt es den Beteiligten deutlich leichter, sich auf eine sachlich-analytische Diskussion einzulassen. Und, ganz wichtig: Es ist genügend Stoff dafür vorhanden.

- **Phase 3:** Analytische Distanz und objektivere Grundhaltung durch Methode „Pilot". Hier zeigt sich, welche Kritik begründet ist und welche Ansätze weiterverfolgt werden.
  Der Fragenkatalog zur Evaluierung und Verbesserung bestehender Ideen dient der **Elaboration.** Die Fragen unterstützen die Teilnehmer dabei, das reichlich vorhandene Material kritisch zu sichten und die entwickelten Ideen und Vorschläge an die Realität anzupassen. So werden aus spontanen Ideen ausformulierte und durchdachte Handlungsalternativen. Das macht den Weg frei für **Ergebnisorientierung** im Konsens, für konkrete Aktionspläne gleichermaßen wie für visionäre Ausblicke, um die es in der letzten Phase geht.
- **Phase 4:** Zurück zu Zielen und Prioritäten mit Methode „Dominanz". Es ist alles gesagt und diskutiert, alle Für und Wider sind abgewogen, die Entscheidung reift in der Gruppe und wird getroffen.

Die 360-Grad-Moderation ist ein bewusster Gegenentwurf zu den verbreiteten „Ideenkonferenzen", bei denen üblicherweise nach dem Brainstorming (was regelmäßig durch Diskussion gehemmt wird) eine grobe Clusterung erfolgt, verbunden mit einer oberflächlichen Suche nach übergeordneten Begriffen. Oft wird diese Phase der Konferenz durch einen Moderator dominiert, der seine Interessen oder die eines Auftraggebers verfolgt.

Nachdem die Cluster einen Namen haben, werden ohne große und vor allem tiefgründige Diskussionen „Prioritäten" vergeben. Nicht selten dadurch, dass jeder Teilnehmer eine bestimmte Anzahl bunter Klebepunkte erhält, die er nach Gutdünken verteilt, vielleicht sogar alle auf ein Thema. Im Anschluss an diese zumeist sehr subjektive Prioritätensetzung erfolgt dann, nach in der Regel viel zu kurzer Diskussion, die Formulierung eines Aktionsplans. Dies geschieht häufig auf Flipcharts, wobei gilt: Wer schreibt, der bleibt, sprich wer am Flipchart steht, hat deutlich mehr Macht als alle anderen.

Die wichtigsten Vorteile der 360-Grad-Moderation:

- Keine ermüdenden Diskussionen zur Profilierung
- Nacheinander statt Durcheinander
- Alle Beteiligten werden mit ihren Stärken an- und ernst genommen
- Konsens statt Polarisierung im Gruppenprozess
- Chance, aus eingefahrenen Rollen und Verhaltensmustern auszubrechen
- Respekt vor Andersartigkeit und Toleranz werden möglich
- Die Methode ist bzgl. Zeiteinsatz, Ergebnisgüte und Bearbeitungstiefe sehr effektiv
- Das Ergebnis wird zum „gemeinsamen Baby"

4

PEK im Führungsalltag: Tipps für die Praxis

Zusammenfassung In Kap. 1 haben Sie Verhalten im Autopiloten und Piloten – eigenes und fremdes – im Überblick kennengelernt. Sie haben auch gesehen, wie elementar unser Pilot in kritischen Situationen ist. Sie wissen, warum es wichtig ist, sich kleine Zeitfenster zu schaffen, um die Situation zu reflektieren und den Autopiloten zu stoppen. Doch Achtung: Wenn wir etwas intellektuell verstanden haben, heißt das nicht, dass wir es auch können, das heißt im Autopiloten verinnerlicht haben. Nur was uns in Fleisch und Blut übergegangen ist, wird Teil unseres Autopiloten. Deshalb bekommen Sie hier Tipps, wie Sie Ihren Autopiloten durch praktisches Üben im Alltag „neu programmieren".

In den sechs Episoden aus Kap. 2 haben Sie unser Verständnis von Kommunikation, und vor allem dessen praktische Anwendung, in vielen Beispielen miterlebt. So konnten Sie eine eigene Einschätzung vornehmen und Ihre eigenen Schlüsse ziehen. Wichtig ist, dass Sie die Werkzeuge (wie Fragen) identifizieren, die Sie zukünftig selbst benutzen wollen. Allgemeine „Tipps & Tricks" oder gar gute Ratschläge helfen zumeist wenig. Die eingefügten Reflexionen sollen Ihre persönliche Meinungsbildung unterstützen, denn jeder sieht und interpretiert Situationen und insbesondere Aussagen unterschiedlich. Ein zentraler

Punkt für Ihren Führungsalltag ist also, sich dies immer wieder bewusst zu machen: Was motiviert Sie selbst gerade und wie erleben Sie Ihren Gesprächspartner? Mit kleinen Reflexionspausen im Gespräch schaffen Sie es, Gesprächsverläufe und Diskussionen konstruktiv zu wenden.

Im Folgenden finden Sie zentrale Aspekte nochmals im Überblick. Dabei werden die Werkzeuge, die Sie bereits kennen, wieder aufgegriffen und systematisch dargestellt. Um Ihnen die Orientierung zu erleichtern, benutzen wir die analoge Agenda zu Kap. 1.

4.1   Den eigenen Piloten aktivieren

Ein Schlüsselelement der praktischen Anwendung von PEK ist, dass Sie auch in sehr kritischen, oder in völlig unerwarteten Momenten, nicht dem von Ihrer Amygdala angetriggerten ersten Impuls Ihres Autopiloten folgen. Im Abschn. 1.1 finden Sie dazu sieben ausführlich beschriebene und erläuterte Techniken. In der Praxis haben wir miterlebt, wie leicht es Teilnehmern fällt, die Techniken zu verstehen, sie in Übungen wie Rollenspielen ausprobieren und sich vorzunehmen, mindestens drei davon sofort in Ihren Alltag zu integrieren.

Das klingt vielversprechend – und dennoch: Denn, wenn wir etwas intellektuell verstanden und den festen Vorsatz haben, es praktisch anzuwenden, heißt das nicht, dass unser Autopilot davon auch nur im Ansatz beeinflusst wird. Doch genau letzteres ist der entscheidende Erfolgsfaktor für jedes Seminar oder auch die Lektüre dieses Buches! Nur Techniken, die uns in Fleisch und Blut übergehen, die Teil unseres Autopiloten geworden sind, wenden wir „automatisch" an, d. h. schnell und ohne nachzudenken, wenn es kritisch ist. So wie dies einem Radiomoderator gelang, dem eine Anruferin eine unkonventionelle, sehr persönliche Frage gestellt hat. Die Reaktion des jungen Mannes war ausgesprochen professionell:

„… okay … Mhm … hm … das ist eine wirklich ausgesprochen originelle Frage … herzlichen Dank dafür … was könnten Sie sich denn bei mir vorstellen?"

Der Moderator hatte, ohne verlegenes Schweigen locker 20 s Zeit gewonnen und sich dabei eine gehirngerechte Frage überlegt, mit der er „den Spieß umgedreht" und die Initiative übernommen hat. Er hat dafür sieben Pausen mit etwa zwei Sekunden, drei kurze irrelevante Kommentare, zweimal positiv verbalisieren, gefolgt von einer einfachen Was-Frage als Abschluss eingesetzt. Das Ganze wirkte locker, entspannt und charmant und unangestrengt – wie bei einem Profi. Das kann kaum jemand aus dem Stehgreif, doch die gute Nachricht ist, Sie können das auch. Doch es braucht Geduld und einen etwas längeren Atem. Nach neuen wissenschaftlichen Erkenntnissen benötigen wir im Schnitt 66 Tage hintereinander an Wiederholung und Übung, mindestens einmal täglich, bis aus bewusstem Agieren eine im Autopiloten verinnerlichte Gewohnheit wird. (Lally et al., 2010)

Nun besteht ein Großteil unseres Alltags aus Kommunikation und so bekommen wir immer wieder neue Trainingsmöglichkeiten. Nehmen Sie sich dabei nicht zu viel auf einmal vor. Starten Sie zum Beispiel mit diesen drei Techniken:

- zwei bis vier Sekunden innehalten durch Blickkontakt, entspannte, aufrechte Körperhaltung und einmal ruhig und langsam durchatmen.
- Kurzer irrelevanter Kommentar, etwa „okay"
- Verbalisieren+, etwa „danke für Ihre Offenheit"

Warum gerade diese drei? Sie alle drei sind leicht zu merken und damit zu üben. Dazu ist der Effekt des Zeitgewinns schnell erlebbar, wie das Beispiel des Radiomoderators verdeutlicht. Gerade als Führungskraft verbringen Sie viel Zeit in Meetings, Webkonferenzen oder Telefonaten. Hier können Sie, wie früher in der Schule, bequem einen Spickzettel nutzen. Auf dem können Sie dann sogar fünf Techniken übersichtlich (!) notieren. Etwa:

- Pause, Blickkontakt, aufrichten, durchatmen
- Okay … Mhm … hm …
- „interessanter Aspekt" … „gute Frage" … „Danke, dass Sie mich erinnern"
- Spiegeln – die letzten ein bis drei relevanten Worte
- „Was schlagen Sie vor?" – „Wie könnte das aussehen?" – „Was wäre die Alternative?"

Drucken Sie Ihren Spickzettel am besten aus, auch mit Zeilenabstand so wie hier. Legen Sie ihn neben Ihr Telefon, vor Ihren Bildschirm oder beim Meeting oder in wichtigen Gesprächen in Ihre Schreibmappe. Diese Notiz fällt nicht auf, entlastet aber als externer Speicher Ihr Gedächtnis und gibt Ihnen vor allem Sicherheit. Denn oft müssen Sie, wie damals in der Schule, gar nicht darauf schauen. Da Sie wissen, was Sie notiert haben, könnten Sie die fünf Zeilen mit einem Blick erfassen und müssen nicht wirklich nachlesen.

Natürlich können Sie auf Ihrem Spickzettel mit deutlichem Abstand auch die beiden übrigen Techniken ergänzen, zum Beispiel

- Entleeren
- Vertagen

Bei diesen beiden letzten Techniken handelt es sich streng genommen um Erinnerungsstützen. Einmal für geduldiges Weiterfragen, solange bis Sie genügend Informationen haben, um die Situation wirklich zu verstehen. Haben die Informationen, die Sie für die Klärung der Situation brauchen, kann es dennoch sein, dass Sie bei allem Verständnis nicht sicher sind, wie Sie angemessen reagieren. Dann vertagen Sie! Befolgen Sie den Tipp „sagen Sie nichts, was man gegen Sie verwenden kann".

Wenn Sie so trainieren, machen Sie Ihren Autopiloten fit für kritische Situationen. Sie reagieren so lange nicht emotional, bis Ihr Pilot sich eine reflektierte Meinung gebildet hat. Und seien Sie beruhigt, diese Praxis macht Sie nicht zu einer Art emotionslosem Roboter. Eine aus Sicht Ihres Piloten gerechtfertigte Emotion oder Gefühlsregung kommt auch nach 20 s Pause wieder. Sie können dann damit allerdings besser umgehen.

Sie haben vielleicht schon bemerkt, dass „Verbalisieren +" und „einfache, gehirngerechte Fragen" nicht völlig kontextfrei sind. Legen Sie sich deshalb für verschiedene Konstellationen entsprechende Formulierungen zurecht, so wie Sie in der Schule für Biologie und Mathematik unterschiedliche Spickzettel hatten, können Sie für Meetings, spezielle Gesprächspartner oder besondere Situationen Spickzettel zur Unterstützung nutzen.

4.2   Professionelle Empathie

Wer versteht, was sein Gegenüber bewegt und wer erfährt, welche Interessen, Sorgen oder Befindlichkeiten dessen Position und Verhalten bestimmen, kann bewusst und zielfokussiert agieren. Je nachdem in welchem Programm Ihr Gegenüber sich gerade befindet, werden Ihre Aussagen unterschiedlich aufgenommen. Professionelle Empathie bedeutet nicht, dass wir jede Emotion oder Einstellung eines Kollegen oder Mitarbeiters aufnehmen und zum Thema machen. Da Menschen nicht frei sind von Emotionen und dadurch Ihr Umfeld einschätzen und bewerten, ist es wichtig zu verstehen, was Ihr Gegenüber bewegt oder antreibt. Insbesondere Widerstand gegen Neuerungen und Veränderung speist sich aus den gemachten Erfahrungen, aus Ängsten und Unsicherheiten. Daher ist es sinnvoll, das emotionale Setting des Gesprächspartners zu erfassen und aufzunehmen.

Diese empirische Erkenntnis des FBI, ausführlich beschrieben in (Voss & Raz, 2017), lässt sich 1:1 auf den Führungsalltag übertragen, auch wenn die Situationen dort nicht so dramatisch und stressbeladen wie bei einer Geiselnahme sind. Hier wie dort geht es darum, Menschen zu überzeugen. Das Mindset der professionellen Empathie lässt sich kompakt in drei Leitgedanken fassen:

- Erst verstehen, dann verstanden werden
- Verstehen heißt nicht automatisch, auch einverstanden zu sein
- Fragen Sie wertfrei, signalisieren Sie „ich höre zu, um Sie und Ihre Situation zu verstehen"

Hinsichtlich des dritten Leitgedankens möchten wir die Bedeutung des „Zuhörens" noch einmal explizit hervorheben. Denn unsere Autopiloten sind durch die Evolution auf selektives Zuhören programmiert. Wer einen Säbelzahntiger brüllen hörte, hatte in Sekundenbruchteilen genug gehört, um sich in Sicherheit zu bringen. Wer einen Hirsch röhren hörte, hatte bei den ersten Tönen genug gehört und konnte sich zur Jagd bereit machen. Die kurzen akustischen Informationen wurden im Gehirn zum vollständigen Bild von gefährlichem Feind und attraktiver Beute vervollständigt.

Und heute? Meist reichen wenige Worte Ihrer Mitarbeiter, Kollegen oder Vorgesetzten aus, und Sie glauben durch Autovervollständigen „verstanden" zu haben, was diese „sagen wollen" oder „worum es Ihnen geht". Aus diesem vermeintlichen Verständnis heraus fallen wir anderen ins Wort und reagieren – wie früher bei Gefahr – unmittelbar. Das ist keine bewusste Geringschätzung, das sind die im Laufe unseres Lebens geformten Programme unseres Autopiloten. Doch das macht es nicht besser. Auch wenn wir uns dessen nicht bewusst sind, kommt doch beim Gegenüber durch unsere Reaktion häufig Geringschätzung an. Wenn Ihr Gegenüber dann entsprechend betroffen reagiert, entstehen Konflikte, die eigentlich leicht zu vermeiden sind.

Da wir die erworbenen Programme unseres Autopiloten nicht einfach ausschalten können, gehören Missverständnisse und falsche Schlussfolgerungen zu unserem Alltag. Doch als gute Führungskraft können und sollten Sie einen Großteil dieser Missverständnisse vermeiden. Mit verinnerlichter professioneller Empathie verstehen Sie, was andere bewegt. Und Sie entscheiden bewusst im Piloten, wie Sie damit umgehen, ob und wie Sie darauf eingehen. In der Umsetzung bedeutet dies, dass Sie immer, wenn es wichtig und kritisch wird, professionell agieren, statt spontan und emotional zu reagieren.

Wie trainieren Sie professionelle Empathie nun am besten? Wenn Ihr Autopilot in kritischen Situationen ausgeschaltet wird, also dann, wenn Ihre Amygdala Alarm schlägt, und Ihr Pilot das Steuer übernimmt, wenn Sie durch Spiegeln oder einfache, gehirngerechte Was-Fragen Ihr Gegenüber zum Reflektieren und vor allem zum Reden bringt, dann sind Sie schon auf der Zielgeraden Ihrer Kompetenzentwicklung. Das Ziel erreichen Sie, wenn gehirngerechte Fragen zum festen Bestandteil Ihres aktiven Wortschatzes geworden sind, je mehr davon desto besser.

Für das Training des aktiven Wortschatzes gibt es bewährte Methoden, etwa beim Erlernen einer Fremdsprache. Entwickeln Sie ein Portfolio gehirngerechter Fragen, sprechen Sie diese langsam und deutlich als Sprachdatei in Ihr Smartphone oder Ihren Computer und hören Sie sich diese immer wieder an. Lassen Sie zwischen den einzelnen Fragen genügend Pausen, um Zeit für das Wiederholen zu haben. Für den Start können Sie diese Liste nutzen:

- Was schlagen Sie vor?
- Was könnten Sie sich noch vorstellen?
- Woran machen Sie das fest? (Umschreibt „was bringt Sie zu dieser Vermutung?")
- Was außer dem Preis ist für Sie noch relevant?
- Was wäre nach Ihrer Einschätzung eine Alternative?
- Wie haben Sie das in Ihrem Unternehmen gelöst?
- Wie könnte nach Ihrer Erfahrung eine Umsetzung bei uns aussehen?
- Was hat für Sie die höchste Priorität?
- Was ist Ihr Vergleichsmaßstab?
- Was genau ist Ihr Ziel mit dieser Maßnahme?
- Was ist Ihre Zeitschätzung?
- Was hat sich durch die Einführung des neuen Systems verändert?

Sie sind natürlich herzlich eingeladen, eigene, für Ihren beruflichen oder privaten Kontext passende Fragen zu formulieren. Wichtig ist nur das klare Signal: „Ich werte und urteile nicht, ich will verstehen und sonst nichts". Erst, wenn Sie Ihr Gegenüber eindeutig und zweifelsfrei verstanden haben, erst dann steht die Frage, ob Sie einverstanden sein können. Erst dann steht die Entscheidung über das weitere Vorgehen an.

Professionelle Empathie bedeutet hier, Ihrem Gegenüber zu ermöglichen, seine Emotionen ebenfalls zu reflektieren und in Worte zu fassen. Wer etwa nach ablehnenden Vorwänden mit den oben aufgeführten Verständnisfragen konfrontiert wird, kommt bei der Beantwortung der Fragen ins Reflektieren und Nachdenken über seine Emotionen oder seine negative Stimmung. Dadurch löst er selbst diese nach und nach auf. Zum einen, weil Sie ihm damit den Raum geben, seine Einstellungen oder Gedanken zu verbalisieren und Sie zeigen durch interessiertes Zuhören, dass Sie diese ernst nehmen. Zum anderen bekommt Ihr Gegenüber damit die Möglichkeit, die Ursachen seiner Ablehnung zu erkennen und zu formulieren – ohne dass ihm die eigenen Emotionen dabei im Weg stehen.

4.3   Emotionen gezielt ansprechen

Da menschliches Handeln zu 90 bis 95 % im Autopiloten erfolgt, wird klar, wie wichtig es ist, die fünf bis zehn Prozent des Reflektierens und Nachdenkens im Piloten gut und sinnvoll zu investieren. Was alles andere als einfach ist. Deshalb verbringen wir immer wieder viel Zeit damit, zu überlegen, wie wir ein Missgeschick ausgleichen oder einen Schaden wiedergutmachen oder Missverständnisse ausräumen können. Denn gerade diese Zeit hätten wir besser investiert, unseren Autopiloten zu bremsen und vorher nachzudenken statt nachher. Das ist auch der Grund, warum wir uns hier so ausführlich damit beschäftigen, kritische Situationen im Piloten zu klären, statt spontan im Autopiloten zu handeln und uns hinterher zu fragen, ob das wohl richtig war.

So wichtig es als Führungskraft ist, unsere Mitarbeiter zu verstehen, gemessen werden wir daran, was unsere Mitarbeiter tun, wie es uns gelingt, sie zu einem sinnvollen, zielführenden Tun zu bewegen, zu motivieren. Und für Motivation und Bewegung müssen wir die Autopiloten von Mitarbeitern, aber auch Kollegen und Vorgesetzten emotional ansprechen und erreichen. Ob wir es nun mögen oder nicht, mit Emotionen erreichen wir deutlich mehr als mit Fakten. Und wir erreichen es schneller. Das ist die zweite Seite der professionellen Empathie. Als Führungskraft sind Sie dann erfolgreich, wenn Sie die Köpfe und Herzen Ihrer Mitarbeiter erreichen. Wenn Ihre Mitarbeiter emotional überzeugt sind, können sie Ihre Aufgaben besser erledigen, denn positive Emotionen wirken ebenso sinnstiftend, meist besser als gute Argumente. Dies gilt besonders dann, wenn es um zusätzliche Arbeiten oder besondere Belastungen geht oder wenn Sie Vorgaben von übergeordneter Seite haben, die Sie nicht diskutieren können.

Dafür, wie Sie das praktisch umsetzen können, dafür bekommen Sie jetzt einige Beispiele. Beginnen wir zunächst mit einem einfachen Beispiel:

Ihre Forderung

Ihr WAS: „Der Kunde muss unsere Muster bis spätestens diesen Donnerstag im Haus haben."

> **Ihr WARUM:** „Nur dann bleibt ihm die Zeit für die notwendigen Laborprüfungen."
> **Ihr WIE:** „Bitte übergeben Sie die Muster am Mittwoch unserem 14-Uhr-Kurier. Dann machen Sie unseren Kunden glücklich. Und wir haben natürlich auch etwas davon."

Bei erfahrenen Mitarbeitern oder bei etablierten Prozessen kann streng genommen auch das „Was" reichen. Doch bei hoher Arbeitsbelastung kommen dann schnell Rückfragen zum „Warum" und „Wie". Und bleiben diese unklar bauen sich schnell Widerstände oder Bedenken auf.

Die präzise Formulierung, nicht nur von Forderungen, ist gerade bei E-Mails wichtig. Dann passiert es auch nicht, dass der Adressat der Mail nicht das gewünschte oder sogar nichts tut.

Das Warum ist besonders wichtig, weil es Sinn stiftet und Motivation schafft. Zudem ermöglicht es dem Mitarbeiter, sich selbst Gedanken zu machen und z. B. wie in diesem Beispiel einen Expressversand zu veranlassen oder beim Kunden den vom Lieferdienst avisierten Zeitpunkt der Lieferung anzukündigen.

> **Ihre Bitte**
>
> **Ihr WAS:** „Könnten Sie bitte kommende Woche Montag und Dienstag für Frau Müller die Spätschicht übernehmen?"
> **Ihr WARUM:** „Frau Müller vertritt kurzfristig den erkrankten Herrn Schmidt in einem Projekt. Und Sie kennen sich am besten mit der neuen Anlage aus."
> **Ihr WIE:** „Damit Sie nach Ihrer Schicht schneller in Ihren wohlverdienten Feierabend kommen, nehmen Sie sich einfach ein Taxi zur S-Bahn."

Gerade bei einer solchen Bitte ist es wichtig, dass derjenige, der gebeten wird, nicht gleich im Autopiloten Widerstände oder gar Ablehnung aufbaut. Etwa mit Fragen wie „Warum gerade ich?" oder „Wie soll ich nach der Schicht nach Hause kommen?". Deshalb ist es wichtig, diese „Warum" und „Wie" gleich mitzuliefern. Das gilt analog genauso für Vorschläge. Ganz wichtig, denken Sie beim Wie an das Credo des Stimulanzprogramms: „Ich brauche eine positive Stimmung im Umfeld und erwarte und suche Anerkennung durch andere". Loben Sie, wecken

Sie Begeisterung, betonen Sie Leichtigkeit und da, wo es passt auch den Spaß am Arbeiten.

Ihr Vorschlag

Ihr WAS: „Was halten Sie davon, wenn Sie im kommenden Jahr für unsere Abteilung am High-Potential-Programm des Unternehmens teilnehmen?"
Ihr WARUM: „Sie haben sich großartig entwickelt und sind bereits eine Leistungsträgerin. Ich bin stolz auf Sie. Dieser nächste Schritt ist nur folgerichtig."
Ihr WIE: „Zur Vorbereitung auf das Programm bekommen Sie selbstredend die nötige Weiterbildung. Nutzen Sie diese große Chance für Ihr Talent! Ich glaube an Sie und unterstütze Sie gerne dabei, auf die Überholspur zu wechseln".

Auch für Vorschläge gilt, formulieren Sie sie so, dass spontanes Ablehnen ausgesprochen unwahrscheinlich ist. Natürlich haben die Angesprochenen das Recht, über Bitten oder Vorschläge in Ruhe nachzudenken. Doch indem Sie für keines der Programme des Autopiloten wichtige Frage offenlassen, startet die Reflexion im Piloten in einer positiven Stimmung. Denn das Dominanzprogramm hat sein Was, das Balanceprogramm sein Warum und das Stimulanzprogramm sein Wie. Nehmen Sie sich also Zeit für die Formulierung Ihrer Anliegen oder Ihrer Botschaften und berücksichtigen Sie diese drei Aspekte. Es lohnt sich. Denn Sie bekommen häufiger und leichter das, was Sie wollen bzw. was notwendig ist. Je wichtiger ein Gespräch ist, desto mehr lohnt sich die Investition in die Vorbereitung. Starten Sie solche Gespräche mit einer passenden Eröffnung, die Gesprächsebene und Gesprächsatmosphäre setzt. Dann kommen Ihre „Was", „Warum" und „Wie" garantiert noch besser zum Tragen.

Betrachten wir zum Beispiel ein Jahresgespräch mit Ihren Mitarbeitern. Wer solche Gespräche als Pflicht- oder Routineaufgabe sieht, vergibt eine große Chance. Auch hierfür bekommen Sie jetzt eine Checkliste mit Antworten auf Fragen, die unausgesprochen vor einem solchen Gespräch im Raum stehen.

Checkliste Gesprächseröffnung am Beispiel Jahresgespräch

Warum sind wir hier? „Wir schauen uns gemeinsam die Zielerreichung und mögliche Entwicklungspotentiale hinsichtlich Ihrer stellenbezogenen Kompetenzen an."
Was will ich? „Mir geht vor allem darum, im offenen, vertrauensvollen Dialog Ihre Stärken und Entwicklungspotentiale herauszuarbeiten."
Was wollen Sie? „Sie wollen, dass Ihre Selbsteinschätzung und Ihre Entwicklungswünsche in diesem Gespräch reflektiert und gewürdigt werden."
Warum kommen wir auf einen Nenner? „Wir haben beide das Ziel, dass Sie sich entsprechend Ihrer Kompetenzen und Stärken einbringen und entfalten können.
Abschlussfrage: Ist das auch Ihre Erwartungshaltung für unser Gespräch?"
  Es muss wahrscheinlich nicht extra betont werden, dass Ihre Gesprächseröffnung absolut ehrlich und der Situation des Mitarbeiters angemessen sein muss. Hüten Sie sich davor, zu manipulieren oder gar einzuschüchtern!
  Wird Ihre Gesprächseröffnung als angenehm, zum Anlass passend und authentisch empfunden, stellen Sie von Anfang an die Weichen für ein offenes und zielführendes Gespräch.

4.4   Negative Botschaften überbringen

Ein wichtiger Teil Ihrer Führungsaufgabe besteht manchmal auch darin, negative Entscheidungen oder Ergebnisse an Ihr Team übermitteln zu müssen. Manchmal gibt es Vorgaben oder Entscheidungen der Geschäftsleitung, die nicht (mehr) verändert oder beeinflusst werden können. Andererseits wird in vielen Unternehmen von Mitarbeitern erwartet, dass sie unternehmerisch denken und Verantwortung übernehmen: für ihre Aufgaben, für das gesamte Team, für laufende Projekte. Immer häufiger werden Teams auch Entscheidungskompetenzen übergeben sowie die Freiheit, das Umsetzen der Ziele selbst zu bestimmen und selbst zu gestalten. Dies führt dazu, dass für viele Mitarbeiter die Grenze verschwimmt, wie weit ihr Einflussbereich und ihre Mitbestimmung gehen. Das Management entscheidet häufig, was erreicht werden soll und die Teams mit ihren Führungskräften könnten entscheiden, auf welche Weise die Ziele erreicht und die Vorgaben umgesetzt werden. Doch hier gibt es Grenzen und Führungskräfte kommen schnell in Situationen, in denen sie Entscheidungen des Managements vertreten müssen, hinter den sie selbst nicht stehen. Etwa, wenn Sie keine Neueinstellungen vornehmen können, obwohl viele Mitarbeiter seit Jahren Überstunden leisten und stark belastet sind. Aufgrund der geforderten und zumeist auch gelebten unternehmerischen Einstellung der Mitarbeiter ist es dann besonders schwierig, diese Entscheidungen loyal zum Management zu vermitteln und dabei Ihr Team nicht vor den Kopf zu stoßen und damit zu demotivieren.

Wie kann das gehen? Auch hier kann Ihnen professionelle Empathie weiterhelfen. Bleiben wir bei dem Bespiel, dass für Ihren Bereich keine neuen Stellen genehmigt wurden, obwohl Ihre Mitarbeiter seit Monaten an der Belastungsgrenze arbeiten. Übermitteln Sie klar das Was, die Entscheidung des Managements: „Für dieses Jahr gibt es keine neuen Stellen." Verzichten Sie auf Weichspüler wie „leider". Benutzen Sie neutrale Formulierungen wie „die Entscheidung ist gefallen…", oder „das Management hat die Strategie…". Das hilft Ihnen, Entscheidungen zu kommunizieren, ohne dass Sie sich sofort dazu positionieren und schon zu Beginn ins Sperrfeuer enttäuschter Mitarbeiter geraten.

Zugleich ist es wichtig, die Entscheidung als sinnvoll und schlüssig darzustellen – geben Sie Ihren Mitarbeitern ein nachvollziehbares Warum. Widerstehen Sie als Führungskraft der einfachen Lösung, sich mit den Mitarbeitern zu solidarisieren und gemeinsam auf das uneinsichtige Managementteam zu schimpfen. Widerstehen Sie also Ihrem Balanceprogramm und präsentieren Sie sich nicht als Opfer eines „uneinsichtigen" Managements. Zeigen Sie sie sich souverän in Ihrer Rolle als Schnittstelle zwischen Management und den Mitarbeitern. Wägen Sie in dieser Position Ihre Kommunikation genau ab. Zum Beispiel: „Es gibt viele gute Gründe, die wir alle kennen, die für neue Stellen sprechen, doch es gibt auch Vorgaben der Märkte und der Konjunktur und daraus abgeleitete strategische Überlegungen im Managementteam, die dagegensprechen." Auch kann man nicht immer die Hintergründe für solche Entscheidungen offenlegen. Sei es, dass die Unternehmensleitung mittelfristig Umstrukturierungen plant, die noch nicht spruchreif sind oder den zukünftigen Fokus auf andere Märkte oder Produktgruppen legt. Machen Sie Ihren Mitarbeitern bewusst, dass Unternehmensentscheidungen nicht immer vollständig transparent gemacht werden können. Es gibt manchmal Dinge, die müssen wir hinnehmen und akzeptieren. Weder Ihre Mitarbeiter noch Sie tragen die Unternehmensverantwortung. Es gibt einen vorgegebenen Rahmen, in dem Sie eigenständig agieren. Tatsächlich sind diese Räume in den letzten Jahren immer größer geworden.

Im weiteren Gesprächsverlauf gilt es nun auszutarieren, wieviel Raum für Missmut und Verärgerung der Mitarbeiter Sie zulassen können. Einerseits ist es besser den Raum zu geben, damit die Diskussionen der Mitarbeiter nicht auf Fluren und hinter verschlossenen Türen stattfindet, wo Sie keinen Einfluss nehmen können. Andererseits ist es auch müßig, über Dinge Klage zu führen, die nicht veränderbar sind. Produktive Lösungen können so nicht gefunden werden. Lassen Sie also eine gewisse Zeit für emotionale Äußerungen und zeigen Sie ein gewisses Verständnis – was aber nicht bedeutet, dass Sie damit einverstanden sind. Nehmen Sie Argumente im Piloten auf, stellen Sie gehirngerechte Verständnisfragen und bleiben sie in Ihren Aussagen neutral und mäßigend. Suchen Sie nach Lösungen, die Sie anbieten können! Etwa externe Unterstützung aus anderen Abteilungen anfragen, Zeitarbeit zu nutzen etc. Geben Sie Ihren Mitarbeitern ein positiv stimmendes Wie.

Wenn Sie selbst ein solches Wie nicht sehen, suchen Sie das Gespräch mit der Geschäftsführung und loten Sie Möglichkeiten aus, Abhilfe zu schaffen oder andere Prioritäten für die Aufgaben in Ihrem Bereich zu setzen. Es hilft Ihren Mitarbeitern nicht, wenn Sie mitschimpfen oder mitklagen – es lässt sie vielmehr hilflos zurück, da Sie sich selbst nicht positionieren und damit wie eine Marionette wirken, die nichts bewegen kann.

Literatur

Lally, P., Van Jaarsveld, C. H., Potts, H. W., & Wardle, J. (2010). How are habits formed: Modelling habit formation in the real world. *European journal of social psychology, 40*(6), 998–1009.
Voss, C., & Raz, T. (2017). *Kompromisslos Verhandeln*. Redline.

CPSIA information can be obtained
at www.ICGtesting.com
Printed in the USA
LVHW060532050623
748861LV00004B/455